Gemüse
& FISCH

BART VAN OLPHEN

Fotografie: David Loftus
Styling: Inge Tichelaar

Gemüse & FISCH

80 PERFEKT KOMBINIERTE GENIESSERREZEPTE

Übersetzung aus dem Niederländischen: Birgit van der Avoort

CHRISTIAN

INHALT

Ein Esslöffel in diesem Buch entspricht 15 ml. Ein Teelöffel entspricht 5 ml.

EINLEITUNG

GEMÜSE & FISCH

Früher auf der Hotelschule und später in den Küchen, in denen ich arbeitete, war es ganz einfach: Beim Zusammenstellen eines Gerichts entschied man zuerst zwischen Fleisch, Wild, Geflügel oder Fisch, meist in einer nicht gerade kleinen Portion von 180 Gramm - oder besser mehr. So war das und nicht anders. Anschließend konzentrierte man sich auf die Sauce, und erst danach machte man sich kurz Gedanken über das Gemüse und die Sättigungsbeilage. Beides diente ein bisschen als Füller, und seien wir ehrlich, meist passte alles nicht wirklich gut zusammen. Von Jahreszeit und Herkunft wollen wir gar nicht erst sprechen. Das hat sich inzwischen grundlegend geändert.

Seit ich mich vor ungefähr fünfzehn Jahren der Welt des Fisches zuwandte, ist in Sachen Zubereitung und Verzehr von Fisch viel passiert. Zugleich haben wir Gemüse mehr zu schätzen gelernt und achten auch stärker auf die Herkunft der Produkte. Die meisten von uns essen inzwischen gern Fisch. Daneben gibt es eine Gruppe von Verbrauchern, die sich grundsätzlich gegen die Bio-Industrie wendet. Zudem wächst das Bewusstsein für den Fischfang, und Fischzucht und Herkunft der Fische werden immer wichtiger.

Meine kulinarische Reise der vergangenen Jahre, die mich nach Peru, Sri Lanka, Indonesien, Italien und in viele andere Länder und Regionen führte, inspirierte mich, auf andere Art und Weise zu kochen. Doch dabei beließ ich es nicht: Gemüse nahm langsam, aber sicher eine immer wichtigere Rolle ein. Nicht nur, weil es für mich und meine Kinder gesund ist, sondern weil das Kochen mit Gemüse mir immer mehr Spaß machte. Die verschiedenen Geschmacksnuancen, Texturen und Farben faszinierten mich. Ohne das Element Fisch zu vergessen, experimentierte ich immer mehr mit dem Reichtum der Gemüsewelt. Während ich Gemüse früher als Garnitur zu Fisch oder Fleisch betrachtet hatte und es später dann als »ebenbürtig« ansah, ist Gemüse heute wie selbstverständlich zur Grundlage meiner Rezepte geworden. Und der Fisch hat eine wichtige, wenngleich auch bescheidenere Rolle eingenommen; in kleineren Portionen, als ich es vormals gelernt hatte.

Das Interessante dabei ist, dass nicht nur Beschaffenheit, Geschmack und Farbe des Gemüses sich wunderbar mit Fisch kombinieren lassen, sondern dass sich Vor- und Zubereitungszeit von Gemüse und Fisch recht ähnlich sind. Die Welten von Fisch und Gemüse haben also mehr gemeinsam als gedacht. Fisch und Gemüse lassen sich in vielen Fällen roh verzehren, ihre Zubereitung ist einfach und schnell, und beides ist randvoll mit gesunden Nährstoffen. Fisch und Gemüse sollten entsprechend der Jahreszeit verzehrt werden, denn zu ihrer Hauptsaison schmecken sie am besten, egal, ob einzeln oder in Kombination. Anders gesagt: Im Handumdrehen zaubern Sie die köstlichsten Gemüsegerichte mit Fisch auf den Tisch.

Das Buch ist nach verschiedenen Anlässen und Zubereitungstechniken unterteilt. Die Rezepte, wie immer großartig von meinem Freund und Top-Fotografen David Loftus fotografiert, sind ein fröhlicher Mix der internationalen Küche und reichen vom einfachen Frühstück (ja, auch das geht mit Fisch!) bis zu reichhaltigen und festlichen Mahlzeiten. Ich hoffe, dass ich Sie mit diesem Buch inspirieren kann, genau wie ich mehr Fisch zu essen, aber dann mit Gemüse in der Hauptrolle.

Bart van Olphen
Amsterdam, November 2020

GEMÜSE, ALGEN & KRÄUTER

Es gibt so unendlich faszinierendes Gemüse. Von klein bis groß, in allen Farben des Regenbogens und mit unterschiedlichen Texturen. Und in einer enormen Geschmacksvielfalt, die alle Möglichkeiten bietet. Ehrlich gesagt fällt mir kein Gemüse ein, das sich nicht auf die ein oder andere Weise mit Fisch kombinieren lässt. Da sich dieses Buch als Inspirationsquelle und weniger als Nachschlagewerk versteht, beschränke ich mich auf meine Top 20 der Gemüsesorten, die ich gern mit Fisch kombiniere – und natürlich immer saisonal und möglichst in Bio-Qualität. Außerdem teile ich gern meine Liebe für frische Kräuter, aber auch für Algen und Küstengemüse, den Lebensmitteln der Zukunft.

GEMÜSE & FRÜCHTE

Hier finden Sie eine Zusammenstellung des Gemüses, das ich in Kombination mit Fisch am häufigsten verwende. Doch selbstverständlich gibt es noch unendlich viel mehr Gemüse für viele köstliche Gemüse-Fisch-Gerichte.

KARTOFFEL

So viele Sorten, so viele Geschmacksnoten. In diesem Buch beschränke ich mich bei der Kartoffel auf festkochende und mehligkochende Sorten. Ich mag auch die Süßkartoffel, die streng genommen zu einer anderen Familie gehört, aber genauso lecker ist. Wenn Sie Kartoffeln gern mit Schale kochen, dann säubern Sie sie vorher mit der Bürste und kaltem Wasser. Kartoffeln kann man nicht roh essen, doch jede andere Zubereitung passt perfekt zu Fisch.

AUBERGINE

Sie werden merken, dass mein Herz für die Aubergine schlägt. Die fleischige Struktur der Aubergine nimmt andere Aromen gut auf. Sie können Auberginen auf unterschiedliche Art verwenden, aber nicht roh. Der Geschmack der Aubergine sitzt vor allem in der Schale, deshalb sollte sie nicht geschält werden. Wenn Sie bisher noch nicht zu den Fans gehören, probieren Sie die Aubergine ohne Schale.

ZUCCHINI

Dieses feste Gemüse gehört zur Familie von Kürbis und Salatgurke, hat einen neutralen, feinen Geschmack und bekommt durch die Zubereitung eine weiche Struktur. Die schönen Zucchiniblüten lassen sich wunderbar füllen (ein Klassiker mit Mozzarella und Sardelle) und anschließend dämpfen oder frittieren. Neben den grünen Zucchini findet man inzwischen immer häufiger auch gelbe Sorten.

PAPRIKA

Paprikaschoten schmecken je nach Farbe unterschiedlich. Die grüne Paprika – die früher geerntet wird – ist bitterer, die gelbe weniger bitter und etwas süßer, während orange und rote Paprikaschoten süßer im Geschmack sind. Nicht allein wegen des Geschmacks, sondern auch wegen des knackigen Bisses bereichern Paprika jedes Gericht. Paprikaschoten sind perfekt als Rohkost, zum Rösten, Schmoren und als Grundlage für eine kräftige Sauce.

SPARGEL

Weißer Spargel wächst unter und grüner Spargel über der Erde. Den weißen müssen Sie schälen, den grünen nicht. Weißer Spargel ist mild und fein im Geschmack, der grüne etwas kräftiger in Geschmack und Struktur. So weit zu den Unterschieden. Beide lassen sich hervorragend mit Fisch kombinieren (sonst wären sie auch nicht im Buch aufgeführt). Frischer Spargel ist am unteren Ende saftig und nicht trocken. Wenn Sie ein Bund kaufen, müssen die Stangen »quietschen« (ernsthaft!). Es werden oftmals weiße und grüne Spargelspitzen angeboten, die ebenfalls gut schmecken. Spargel können Sie gegart, gegrillt oder im Ofen geröstet wunderbar mit Fisch kombinieren.

BLUMENKOHL

Blumenkohl hat einen ausgesprochenen Kohlgeschmack: zart und etwas bitter. Neben dem weißen Blumenkohl sieht man inzwischen auch andersfarbige Sorten (lila, grün und orange), die jedem Gericht einen hübschen Farbklecks geben. Blumenkohl passt gut zu Krebs und Hummer oder wird roh mit einer guten Sardellensauce (siehe Seite 123) serviert.

RÜBEN

Der erdige und süße Geschmack von Rüben passt beispielsweise perfekt zu sauer eingelegtem oder geräuchertem Fisch und einem leckeren säuerlichen Dressing. Schön ist es, wenn Rüben in verschiedenen Farben verwendet werden wie Rote Bete, Gelbe Bete und die rot-weiß gestreifte Chioggia-Rübe. Fein gehobelt, kann sie roh verarbeitet werden, doch sie lässt sich hervorragend im Backofen rösten oder garen.

SALATGURKE

Die Salatgurke hat keinen ausgeprägten Geschmack, aber gerade deshalb ist sie eine angenehm frische Ergänzung in vielen Fischrezepten. Die Kerne für eine festere Struktur entfernen und eine gewürfelte und mit Salz bestreute Salatgurke über Nacht in einem Küchentuch in den Kühlschrank hängen – so wird ihr Geschmack intensiver.

AVOCADO

Dieses Fruchtgemüse ist wegen des cremigen vollen Geschmacks roh einfach fantastisch für viele Gerichte. Dazu in grobe Stücke schneiden oder grob pürieren. Beim Kauf einer Avocado darauf achten, dass sie ausreichend gereift ist. Mit einigen Tropfen Zitronen- oder Limettensaft bleibt die Avocado auch nach dem Aufschneiden schön grün.

FENCHEL

Nicht umsonst ziert der Fenchel das Buchcover. Er ist das absolute Top-Gemüse zu Fisch. Fenchel enthält die ätherische Substanz Estragol, die für den anisartigen Geschmack sorgt. Genau wie Estragon eine perfekte Kombi (siehe Seite 14). Fenchel lässt sich vielseitig verwenden: roh oder lange gegart, und alles dazwischen. Unbedingt das herrliche Grün mitverwenden!

ZWIEBEL

Gelbe oder braune Zwiebeln sind roh scharf im Geschmack, doch lange geschmort werden sie herrlich süß (z. B. im Pesce in Saor auf Seite 167). Die rote Zwiebel ist weniger scharf und wird deshalb häufig roh in Salaten verarbeitet. Schalotten sehen etwas anders aus und sind süß mit einem Hauch von Schärfe. Alle kleinen frischen Zwiebeln (wie Frühlingszwiebeln) werden mit Stängel gegessen und sind roh gut für Salate oder als Topping von Suppen und asiatischen Gerichten geeignet.

KNOBLAUCH

Die Pflanze hinter dieser Geschmacksbombe gehört zur selben Familie wie Zwiebel, Lauch und Schnittlauch. Ich versuche immer, frischen Knoblauch zu bekommen. Die Knolle mit dem ausgeprägten grünen Stiel wird immer häufiger angeboten – sie wird übrigens auch in den Niederlanden angebaut – und ist milder und feiner im Aroma als die getrocknete Variante. Allerdings ist Letztere ebenfalls gut zu verwenden. Wenn für ein Gericht Zwiebel und Knoblauch angeschwitzt werden, dann den Knoblauch erst nach der Zwiebel hinzufügen. Der Knoblauch kann schnell bitter schmecken, wenn er zu lange in Öl gebraten wird.

TOMATE

Tomaten gibt es in vielerlei Sorten, Aromen und Farben. Ich beschränke mich hier auf die Tomaten, die ich regelmäßig verwende. Die »Basistomate« ist etwas flach im Geschmack, aber – genau wie die Dosentomate – gut für Suppen oder Saucen geeignet. Die Fleischtomate hat weniger Feuchtigkeit und Samen und schmeckt gut in Salaten und kalten Gerichten. Die ovale Roma- oder die flachrunde Pomodoro-Tomate sind voller und süßer im Geschmack und etwas trocken. Rispentomaten reifen, im Gegensatz zu den vorher erwähnten Tomaten, an der Pflanze und sind aromatischer. Zum Schluss die Kirsch- oder Cherrytomaten: Auch hier gibt es Unterschiede im Aroma, und ich verwende häufig eine an der Rispe gewachsene Sorte.

KAROTTE

Den unter der Erde wachsenden Teil nennen wir Wurzel oder eben Karotte. Eigentlich passen alle Karotten gut zum Fisch. Sie sind köstlich als Rohkost und gegart oder gedämpft ein Klassiker, aber mein Favorit ist die geröstete und karamellisierte Version. Durch das Rösten wird die Karotte noch süßer und intensiver im Geschmack. Orange Karotten gibt es überall, aber probieren Sie auch die grünen, lila, weißen und gelben Varianten.

ARTISCHOCKE

Nicht nur wegen ihrer prachtvollen Form, sondern auch wegen des unverwechselbaren Geschmacks gehört die Artischocke zu meinen Auserwählten. Sie kochen die Artischocke ganz oder »tourniert«, was bedeutet, dass rund um die Blüte mit einem Messer die Blätter abgeschnitten werden. Der Boden ist zart und fein im Geschmack, aber auch die Blätter schmecken köstlich, wenn sie »ausgesaugt« werden, zum Beispiel mit einem Tropfen Sardellen-Vinaigrette. Artischockenherzen aus dem Glas sind eine akzeptable Alternative zur frischen Variante der Blütenknospe einer Distel.

SPINAT

Ich verwende in diesem Buch Blattspinat und wilden – gröberen – Spinat. Bei beiden Sorten müssen die Blätter fest und knackig sein, gut gewaschen werden und natürlich frisch aussehen. Die Stängel lassen sich nicht biegen, sondern knacken, wenn man es versucht. Beide Sorten verwende ich für warme Gerichte, den Blattspinat allerdings auch für kalte Speisen.

CHILISCHOTE

Gelbe, grüne, rote und Amarillo-Chilischoten – sie alle finden sich in diesem Buch. Übrigens auch die mildere, aus Mexiko bekannte Sorte Jalapeño. Chilischoten werden als Basis für ein Curry verwendet, aber auch für zahlreiche andere Gerichte. Der Anteil von Capsaicin bestimmt ihre Schärfe. Damit die Chilischote zwar für Geschmack, aber nicht ganz so viel Schärfe sorgt, entferne ich vor der Zubereitung die Samen.

SALAT

Salat ist ein Sammelbegriff für Blattgemüse, das roh gegessen wird. Ich mag es, verschiedene Sorten – wie Romanasalat, Eisbergsalat, Friséesalat, Feldsalat, Buttersalat und Eichblattsalat – untereinander zu kombinieren. Einige Sorten wie Romana- oder Eisbergsalat sind auch zum Grillen oder Braten in der Pfanne geeignet.

ZITRONE UND LIMETTE

Der Einfachheit halber zusammengefasst, aber was den Geschmack angeht, unterscheiden sich die beiden deutlich. Limetten haben ein fruchtigeres, frischeres Aroma und schmecken etwas säuerlicher, Zitronen schmecken »strenger«. Der Saft von beiden gibt einem Gericht den nötigen Kick. Übrigens sitzt der intensivste Geschmack in der Schale; es ist wunderbar, die abgeriebene Schale über ein Gericht zu streuen. Wählen Sie bevorzugt Bio-Zitronen oder -Limetten, wenn Sie die »Zeste« verwenden.

SALZGEMÜSE & ALGEN

Das Meer ist reich an Fischen, Schalen- und Krustentieren, aber häufig vergessen wir, dass am und im Meer auch zahllose Pflanzen gedeihen. Pflanzen, die im Salzwasser wachsen, werden Algen genannt. Diese sind für das Leben im Meer sehr bedeutsam, nehmen sie doch Kohlendioxid auf und produzieren selbst Sauerstoff. Sie haben für das Meer die gleiche Bedeutung wie der Regenwald für das Leben an Land. Algen schmecken hervorragend; sie werden in Salz eingelegt, getrocknet oder frisch angeboten. Salzgemüse wächst nicht im, sondern am Meer, und zwar auf Salzböden, und kann daher auf Salzwiesen oder entlang der Küste überleben.

ALGEN

WAKAME

Der Geschmack von Wakame ist intensiv und pikant. Sie lässt sich wie Blattgemüse verwenden. Die Alge wächst auch im Meer rund um Zeeland.

MEERESSPAGHETTI

Die Braunalge, die entlang der europäischen Küsten vorkommt, wächst in langen Bändern. Der Geschmack ist leicht cremig und salzig. Gebraten schmeckt sie nussig und pikant.

DULSE

Die Rotalge ist entlang der Küsten des Nordatlantiks beheimatet. Die getrocknete Form ist, kurz in Butter gebraten, äußerst schmackhaft und erinnert an gebratenen Speck.

NORI

Nori-Blätter werden für die Zubereitung von Sushi verwendet. Dünn, aromatisch und knusprig.

KÜSTENGEMÜSE

QUELLER

Dieses Küstengemüse ist inzwischen äußerst beliebt und das ganze Jahr über erhältlich. Die salzigen Stiele sind roh oder kurz angebraten herrlich in Gemüse-Fisch-Gerichten.

SALZASTER

Dieses salzige Blattgemüse wird auch Eselsohr genannt. Der Geschmack ist pikant und salzig, und die Blätter lassen sich wie anderes Blattgemüse verwenden: roh oder kurz angebraten.

MEERFENCHEL

Dieses Salzgemüse ist eine echte Geschmackssensation, sozusagen die salzige Version des nach Anis schmeckenden Fenchels. Ausgezeichnet im Salat oder als Garnitur für warme Gerichte.

EISKRAUT

Bei diesem Küstengemüse scheinen die Blätter mit außergewöhnlichen Eiskristallen besetzt zu sein. Der Geschmack ist leicht säuerlich, salzig und frisch, und die Textur ist fein knusprig.

KRÄUTER

Frische Kräuter dienen als Grundlage für ein Gericht oder geben ihm genau diesen *finishing touch*. Ich verwende in diesem Buch verschiedene Arten von Kräutern – einige sind ausgesprochen aromatisch, andere sorgen für einen dezenten Hauch von Geschmack.

PETERSILIE

Dieses Kraut ist für warme und kalte Zubereitungen geeignet. Ich verwende lieber glatte statt krauser Petersilie, da sie raffinierter schmeckt. Der Geschmack von Petersilie ist dezent, sodass man damit eigentlich nie falsch liegt.

SCHNITTLAUCH

Schnittlauchstängel haben einen leichten Zwiebelgeschmack. Ideal für Dressings und Salate oder als Garnitur. Schnittlauch eignet sich nicht zum Erhitzen.

ESTRAGON

Estragon hat längliche Blätter mit einem feinen Anisaroma. Das Kraut ist köstlich in Saucen, Suppen und Dressings. Ein echter Fischfreund!

DILL

Dill besitzt feine, zarte Verästelungen, die wunderbar duften. Der Geschmack ist äußerst raffiniert und passt außerordentlich gut zu Fisch, wie etwa beim *gravad lax*. Nur sparsam einsetzen, denn ein Zuviel an Dill kann das Gericht aus dem Gleichgewicht bringen.

KORIANDER

Man mag ihn, oder man mag ihn nicht. Das Blatt erinnert an Petersilie, der Geschmack liegt zwischen Petersilie und Zitrone. Ich verwende ihn häufig, vor allem bei asiatisch angehauchten Gerichten, wie etwa beim Thai-Garnelen-Curry, bei dem Koriander auf keinen Fall fehlen darf.

SALBEI

Salbei hat samtige, lange grüne Blätter, und sein kräftiger Geschmack passt gut zu Fisch und süßem Gemüse wie Karotte oder Süßkartoffel.

KERBEL

Auch der Kerbel hat einen dezenten Anisgeschmack. Die Blätter mit der sehr feinen Blattstruktur können Sie in Salaten oder warm mit Fisch verwenden.

MINZE

Dieses frische, nach Menthol schmeckende Kraut hat kräftige ovale Blätter. Die Stängel besser nicht verwenden und die Blätter grob oder fein hacken.

THYMIAN

Thymian besitzt kleine, duftende Blätter, die jedes Gericht fein würzen. Nicht zu viel verwenden, denn genau wie Rosmarin, Oregano und Salbei hat er ein intensives Aroma, das nicht zu beherrschend sein sollte.

ROSMARIN

Wegen des sehr intensiven Geschmacks verwenden wir dieses Kraut nicht häufig in Kombination mit Fisch. Doch zu einem fetten Fisch wie Lachs passt Rosmarin sehr gut. Auch mit vielen Gemüsesorten und Kartoffeln, vor allem wenn beides im Ofen röstet, ist er überaus schmackhaft.

OREGANO

Die kleinen Oreganoblätter schmecken scharf, ausgesprochen würzig und ein bisschen süß. Ich persönlich mag Oregano und nehme ihn gern zum Braten und Rösten, manchmal auch kalt oder roh. Majoran ist ein guter Ersatz für Oregano.

FISCH, SCHALEN- UND KRUSTENTIERE

Fischarten lassen sich auf verschiedene Weise einteilen, wobei eine Einordnung in Familien am sinnvollsten ist. Es ist nicht nur lehrreich, etwas über die einzelnen Arten und Familien zu erfahren, es ist vor allem interessant zu sehen, wie man in einem Rezept Fische aus derselben Familie austauschen kann. Innerhalb einer Familie geht das nämlich recht problemlos. Beim Fisch schauen wir, was das Meer uns gibt, und verwenden es mit der gebührenden Achtung. Es kann sein, dass ein bestimmter Fisch, den man sucht, nicht gefangen wird oder vorrätig ist, doch er kann problemlos durch eine andere Art ersetzt werden. Das geht nicht auf Kosten des Geschmacks und Erlebnisses des Rezepts. Ich beschreibe hier nur die Fischarten, die aus nachhaltigem Fang zu kaufen sind. Achten Sie deshalb auf die Gütesiegel MSC oder ASC oder auf die Farbe Grün beim Fisch-Kompass (siehe Seite 27).

WEISSER RUNDFISCH

DORSCHARTIGE

In den Niederlanden essen wir gern Dorschfische, die rund ums Jahr gut erhältlich sind. Obgleich ihr Geschmack und ihre Textur ein wenig unterschiedlich sind, können wir diese Fische bei den Rezepten in diesem Buch problemlos austauschen.

KABELJAU

Wir kennen verschiedene Namen für den Kabeljau. In getrockneter und gesalzener Form heißt er Klippfisch, in der südeuropäischen Küche besser bekannt als *bacalhau* oder *baccala*. Getrocknet und ungesalzen wird er Stockfisch genannt und vor allem in Skandinavien viel verwendet. In der Nordsee findet man großartigen Kabeljau, aber in den Niederlanden essen wir immer häufiger vor Norwegen oder Island gefangene Varianten – unter anderem auch, weil diese nachhaltig gefangen und mit dem MSC-Gütesiegel zertifiziert sind. Wird der Fisch von Januar bis April im Nordwesten vor Norwegen gefangen, nennen wir ihn Skrei. Dieser Winterkabeljau hat eine herrlich weiße Farbe und festes Fleisch.

SCHELLFISCH

Schellfisch gehört zur Familie des Kabeljaus. Hinter den Kiemen hat der Schellfisch an beiden Seiten einen schwarzen Fleck. In Island wird erzählt, dass der Teufel den Fisch packte und dieser entkommen konnte. Zurück blieben die zwei schwarzen Streifen.

SEELACHS

Der Seelachs, den wir in den Niederlanden verzehren, findet sich beispielsweise in Fischstäbchen, wird aber auch als Tiefkühlkost angeboten. Der Fisch kommt aus den kälteren Gewässern Alaskas. Das Fischfleisch des Seelachses, auch »Pollack« genannt, ist fest und weiß, etwas trocken, aber äußerst schmackhaft.

SEEHECHT

Dieser Fisch ist in den Mittelmeerländern schon lange sehr beliebt, und auch bei uns in den Niederlanden findet er, frisch oder tiefgekühlt, immer mehr Zuspruch. Er zeichnet sich durch eine angenehme, feste Beschaffenheit aus und ist leicht cremefarben.

WITTLING

Eine Zeit lang nannten wir ihn eine »vergessene Fischart«, doch glücklicherweise sieht man den Wittling inzwischen häufiger, was auch dem Trend geschuldet ist, mehr Fisch aus der Nordsee zu essen. Das Fleisch ist weiß und weich, zerfällt schnell und hat einen feinen Geschmack.

BARSCHARTIGE

Zu den Barschartigen zählen 40 Prozent aller Fischarten. Mit Ausnahme des Seewolfs lassen sich die nachfolgend beschriebenen Fische in den in diesem Buch aufgeführten Rezepten untereinander austauschen. Nicht die Art, sondern die Größe des Fisches bestimmt die Garzeit.

SEEBARSCH

Diesen Jäger findet man an der Nordseeküste, doch er wird inzwischen auch häufig gezüchtet. Dieser Fisch mit wenig Gräten hat ein feines Fleisch und ist mild im Geschmack. Lässt sich prima durch die Dorade (Meerbrasse) ersetzen.

DORADE (MEERBRASSE)

Im Süden Europas wird die Meerbrasse »Dorade« genannt. Der Fisch ist platter als der Seebarsch und wird in Ländern wie Griechenland und der Türkei auch gezüchtet. Beim Kauf des Zuchtfisches auf das ASC-Gütesiegel für nachhaltige Aufzucht achten.

ROTBARSCH

Dieser Jäger lebt zwischen Felsen tief im Meer. Viele in den Niederlanden verzehrte Rotbarsche kommen aus Island, wo der Fisch nachhaltig gefangen wird. Sein Fleisch ist etwas fest und cremefarben.

SEEWOLF

Auch wenn der Seewolf durch eine andere Form auffällt, so gehört er doch zur Ordnung der Barschartigen. Das Fischfilet ist fein im Geschmack und das Fischfleisch fest und weiß.

ZANDER

Dieser Süßwasserfisch ist in niederländischen Gewässern häufig anzutreffen und gehört offiziell zu den Barschartigen. Im Gegensatz zu vielen anderen Süßwasserfischen wird er in der Gastronomie viel verwendet, vor allem wegen seines vollen, aber neutralen Geschmacks und seiner feinen Struktur. Als größten Pluspunkt hat er, im Gegensatz zu vielen anderen Süßwasserfischen, nur wenige Gräten.

FETTFISCHE

Wir sprechen von einem »fetten« Fisch, wenn dieser mehr als fünf Prozent Fett enthält. Abgesehen davon, dass dieser Fisch wegen der vielen Fettsäuren sehr gesund ist, zeichnet sich seine Familie durch ihren unverwechselbaren Geschmack aus. Ein Fettfisch kann klein oder sehr groß sein. Sie finden übrigens auffallend viel Fettfisch in der Dose, da sein Geschmack auf diese Weise besonders gut konserviert werden kann.

HERINGSARTIGE

SARDINE

Dieser Fisch verdankt seinen Namen der italienischen Insel Sardinien. Sardinen leben in großen Schwärmen und sind kräftig im Geschmack. In der Saison werden sie vielfach frisch angeboten, doch auch mit Tiefkühl- oder Dosen-Varianten lässt sich fantastisch kochen, wenn sie von bester Qualität sind.

SARDELLE

Sie lebt sowohl im Salz- als auch im Brackwasser. Im Sommer werden die kleinen silbernen Fische in geringem Umfang auch in den Niederlanden gefangen. Frische Sardellen lassen sich wunderbar kurz anbraten, während Sardellen aus der Dose ideal als Geschmacksgeber oder als Garnitur etwa für Salate sind.

HERING

Berühmt als *hollandse nieuwe* – neuer Hering, der für seine cremige Textur und seinen kräftigen Geschmack gepriesen wird. Doch wir essen ihn nicht nur roh gepökelt; auch geräuchert und eingelegt ist der Hering köstlich.

SPROTTE

Dieser Fisch lebt in seichten Küstengewässern. Wunderbar zum Braten, aber auch geräuchert ein Genuss. Angeboten wird die Sprotte geräuchert in typischen Bündeln, und sie kann mit Haut und allem gegessen werden.

SONSTIGE FETTFISCHE

MAKRELE

Makrelen leben in großen, dichten Schwärmen genau unter der Wasseroberfläche. Der Fisch hat eine prachtvoll gefärbte Haut, und sein Fischfleisch lässt sich wunderbar kurz braten, räuchern oder roh essen.

SCHWERTFISCH

Es gibt inzwischen schon nachhaltigen Schwertfischfang, aber wir sollten bei diesem Jäger doch aufpassen. Sein Fleisch ist weiß-gräulich und hat einen neutralen, angenehmen Geschmack. Ideal für beginnende Fischesser.

THUNFISCHARTEN

Meist sprechen wir allgemein von »Thunfisch«, doch es gibt verschiedene Thunfischarten, jede mit eigenem Charakter und Geschmack. Ich behandele hier die Arten, die am häufigsten und zudem nachhaltig angeboten werden. Den Blauflossen-Thunfisch lasse ich außen vor – auch wenn derzeit ein Fischereibetrieb als nachhaltig zertifiziert ist –, denn ich finde, wir sollten diese Art noch lange in Ruhe lassen.

ALBACORE-THUNFISCH

Wegen seines weißen Fischfleisches auch »Weißer Thunfisch« genannt, zeichnet er sich durch seinen festen Biss und einen fetten, kräftigen Geschmack aus. Dieser Thunfisch – der glücklicherweise kommerziell noch häufig mit der Leine gefangen wird – ist immer öfter frisch zu kaufen, wird aber auch tiefgekühlt oder in der Dose angeboten.

GELBFLOSSEN-THUNFISCH

Berühmt für seine Farbe und seinen typischen zarten Geschmack. Aus der Küche durch kulinarische Einflüsse, unter anderem aus Japan, Peru und dem Mittelmeerraum, nicht mehr wegzudenken.

ECHTER BONITO

Auch wenn ein frisches Filet qualitativ nicht hinter dem von Gelbflossen- oder Albacore-Thunfisch zurückstehen muss, wird dieser gestreifte Thunfisch vor allem in der Dose angeboten.

LACHSARTEN

Der Lachs ist ein anadromer Fisch, das heißt, dass er nach einigen Jahren aus dem Meer in die Flüsse aufsteigt, um im Brack- oder Süßwasser zu laichen. Diese in den Niederlanden sehr beliebte Fischart wird ganzjährig frisch, geräuchert, tiefgekühlt oder in der Dose angeboten.

ATLANTISCHER LACHS

Dieser Lachs wird kommerziell nicht mehr wild gefangen. Der Atlantische Lachs wird vor allem in Norwegen und in Schottland in großen Käfigen im Meer gezüchtet.

PAZIFISCHER LACHS

Der Pazifische Lachs wird ausschließlich wild gefangen – vor allem in den Gewässern rund um Alaska und vor der Küste von British Columbia. Die Fangsaison ist von Mai bis September und vor allem Sockeye und Keta werden vom niederländischen Handel angeboten.

FORELLE

Wahrscheinlich hätten Sie es nicht vermutet, aber auch die Forelle zählt zur Familie der Lachsartigen. Es ist schon eine Ausnahme, ein wildes Exemplar zu bekommen, dann der größte Teil wird gezüchtet. Forellen schmecken gebraten oder geräuchert ausgezeichnet.

PLATTFISCHE

Plattfische sind, wie der Name schon sagt, platt. Sie liegen eigentlich fast ihr ganzes Leben auf der Seite, abgesehen vom Heilbutt. In ihren ersten Wochen schwimmen sie als normale Fische durchs Leben. Dann bewegen sich die Augen auf eine Körperseite, die nun zur Oberseite wird.

SEEZUNGE

Genau wie viele andere Plattfische versteckt sich die Seezunge tagsüber unter der Sandoberfläche am Meeresboden. Nachts schwimmt der Fisch auf der Nahrungssuche im Strom mit. Die Seezunge hat einen raffinierten und feinen Geschmack, ihr Fischfleisch ist fest und zart.

SCHOLLE

Dieser Plattfisch hat auffällige orange Punkte auf der Haut und findet sich in größerer Menge in der Nordsee. Der Geschmack der Scholle ist markant, die Textur cremig und weich.

HEILBUTT

Der Heilbutt ist der größte Plattfisch und kann bis zu fünf Meter lang werden. Der Grönländische Heilbutt, häufig auch Schwarzer Heilbutt genannt, ist die kleinere Form des Weißen Heilbutts, der unter anderem in Alaska gefangen wird.

STEINBUTT

Der Fisch wird oftmals auch als Turbutt bezeichnet, abgeleitet vom altfranzösischen Wort *tourbot,* was so viel wie »drehende Platte« bedeutet. Und so sieht der Steinbutt auch aus. Er ist ein sehr delikater Fisch mit wunderbar weißem Fischfleisch und kräftigem Geschmack. Der Steinbutt wird inzwischen auf gute und verantwortungsvolle Weise gezüchtet.

KLIESCHE

Dies ist der häufigste Plattfisch in der Nordsee – aber leider findet man die Kliesche nur sehr selten im Fischladen oder auf dem Markt. Schade eigentlich, denn der Geschmack ist gut, und der Fisch ist eine gute Alternative zu beispielsweise Seezunge oder Scholle. Und preislich gesehen ist er auch noch gut für Ihr Portemonnaie.

SONSTIGE FISCHE

SEETEUFEL

Der Seeteufel ist einzigartig in seiner Art: ein großes Maul und ein riesiger Kopf auf einem platten Körper mit einem runden Schwanz. Wir essen vor allem Schwanz und Wangen. Die Fleischstruktur ist ausgesprochen fest und der Geschmack fleischig und neutral.

SCHALENTIERE

Es gibt unzählige Arten von Schalentieren, aber ich möchte mich hier auf die Muschelarten beschränken, die gut erhältlich sind. Viele dieser Muscheln kommen aus den Niederlanden. Darauf können wir zu Recht stolz sein, denn sie schmecken fantastisch.

MIESMUSCHEL

Frische niederländische Miesmuscheln aus Zeeland gibt es von Ende Mai bis Februar. Zu Beginn der Saison werden Miesmuscheln aus Hängekulturen angeboten - die an Seilen gerade unter der Wasseroberfläche wachsen und leben. Später in der Saison sind es Miesmuscheln aus Bodenkulturen, die am Sandboden aufgesammelt werden, sobald sie verzehrt werden können.

AUSTER

Austern kommen aus vielen Gegenden Europas in die Niederlande, doch auch hier wachsen prachtvolle Austern. Sowohl die Pazifische Auster, auch als *creuse* bekannt, als auch die Plattauster kommen in zeeländischen Gewässern vor.

HERZMUSCHEL

Diese herrlich salzigen Schalentiere leben in Gebieten mit Ebbe und Flut, sodass sie einige Stunden am Tag unter der Wasserlinie liegen. Mit speziellen Handbügeln werden die Muscheln im Wattenmeer oder in den Gewässern Zeelands mit der Hand aus dem Wasser gefischt. Das Fleisch der Muschel ist fest und süß im Geschmack.

VONGOLE VERACI

Diese Teppichmuschel - zumeist bekannt durch die *pasta vongole* - wird an verschiedenen Stellen in Europa gezüchtet. Die Muschel lebt knapp unter der Bodenoberfläche.

SCHWERTMUSCHEL

Diese längliche Muschel ist auch als Scheidenmuschel bekannt und lebt an der niederländischen Küste. Der Geschmack ähnelt dem der runderen Muscheln, er ist salzig und süßlich. Nicht nur sehr köstlich, sondern auch einfach in der Zubereitung.

JAKOBSMUSCHEL

Das Fleisch der *coquilles Saint-Jacques* schmeckt süß und ist zart und fein in der Struktur. Roh, mariniert oder kurz gebraten äußerst delikat. Die leckersten Jakobsmuscheln kommen aus Skandinavien oder Schottland und werden von Tauchern mit der Hand gefangen.

KRUSTENTIERE

Krustentiere gehören zu den Krebstieren. Da Krustentiere leicht verderblich sind, sollten Sie sie nach Möglichkeit fangfrisch zubereiten oder Tiefkühlware kaufen.

HUMMER

Auf dem niederländischen Markt werden der Europäische Hummer und der Kanadische Hummer angeboten. Bei der Nahrungssuche nutzt der Hummer seine zwei Scheren; mit der Knackschere knackt er die Panzer von Krebsen, mit der Greifschere schneidet er seine Nahrung durch und führt sie zum Mund.

KAISERGRANAT

Der Kaisergranat wird von den Franzosen wohlklingend als *langoustine* bezeichnet. Sein Fleisch schmeckt süßlich und ist äußerst delikat.

FLUSSKREBS

Dieser Süßwasserkrebs ist klein und wird meist vorgegart im Handel angeboten. Geschält ist er köstlich in Salaten oder als Alternative zum Hummer in anderen Gerichten.

KREBS

Es gibt verschiedene Krebse. Aus der Nordsee kommt der Taschenkrebs und aus ferneren Gewässern stammen Seespinne und Königskrabbe. Die beiden Letzteren sind selten frisch zu kaufen, aber auch aus dem Tiefkühler schmecken sie gut.

GARNELEN

Garnelen findet man überall in der Welt in allen Größen und Arten. Die kleinen grauen Garnelen, die Nordseekrabben, kommen aus der Nordsee, die aus kälteren Gewässern stammende Nordseegarnele meist aus Norwegen und Kanada. Die größere Garnele, auch als Gamba bekannt, wird wild gefangen oder in Bassins gezüchtet. Sie wird in verschiedenen Größen vor allem als Tiefkühlware verkauft.

TINTENFISCHARTIGE

OKTOPUS

Der *polpo* oder Krake versteckt sich tagsüber hinter Felsen und geht nachts auf die Jagd. Das Fleisch seiner acht Tentakel ist fest und einzigartig im Geschmack. Statt eines ganzen Kraken werden inzwischen immer häufiger die Tentakel angeboten; oftmals sind diese vorgegart.

KALMAR

Dieser Tintenfisch hat zwei Gliedmaßen mehr als der Krake und lebt vor unserer Küste, wird aber häufig auch aus anderen Teilen Europas importiert. Wir essen sowohl die Tentakel als auch die »Tube« – den Körper des Kalmars.

ECHTER TINTENFISCH

Diese Art wird in südeuropäischen Ländern »Sepia« genannt. Der Körper ist dicker als der des Kalmars. Das Fleisch eines Tintenfisches ist – wenn nur kurz gebraten – butterweich und vom Geschmack her leicht salzig. Das kalkartige Skelett ist uns sicher bei einem Besuch am Nordseestrand oder in einem Vogelkäfig schon einmal aufgefallen.

NACHHALTIGER FISCHFANG

Vor Jahren habe ich mich auf der Suche nach Fischereien, die ein gutes Vorbild für die Zukunft darstellen, intensiver mit der Fischwelt beschäftigt. Ich liebte Fisch, wollte ihn aber mit gutem Gewissen essen, und so suchte ich nach Fisch, von dem es noch genug gab und der verantwortungsvoll gefangen wurde. Dabei wurde mir immer stärker bewusst, dass wir auch die Fischereigemeinschaften unterstützen müssen. Wenn wir die Fischer und ihre Arbeit wertschätzen und sie gut behandeln, kümmern sich die Fischer wiederum um das Meer. Vergessen Sie nicht, dass weltweit rund 200 Millionen Menschen direkt von der Fischerei abhängig sind, und von denen wiederum 90 Prozent in Entwicklungsländern leben. Doch abgesehen vom Fischbestand und der Art des Fischfangs gibt es noch weitere Möglichkeiten, um einen besseren Fischkonsum zu unterstützen.

In Australien hatte ich das Vergnügen, Josh Niland kennenzulernen. Er ist für mich derzeit der fortschrittlichste Koch der Welt. Er behandelt den Fisch so, wie ein Metzger sein Fleisch behandelt. Er »dry-aged« seinen Fisch bis zu 30 Tage und verwendet fast den ganzen Fisch. In seinem Meisterkurs, an dem ich in London teilnehmen durfte, verwendete er 96 % eines ganzen Seebarsches für seine Gerichte. Im Vergleich dazu kalkulieren wir in der klassischen Küche mit ungefähr 50 % eines Fisches. Es gibt so viele Fischteile, mit denen man wunderbar kochen kann, die aber meistens einfach weggeworfen werden. Ich hoffe, dass Niland für Profi- und Amateurköche gleichermaßen eine große Inspirationsquelle dafür sein kann, wie wir in Zukunft den Fisch behandeln und wie wir jeden gefangenen Fisch noch mehr genießen können.

Mir fällt auf, dass es viele begeisterte Gemüseesser gibt, die mir erzählen, dass sie gern Fisch essen wollen, sich aber nicht an ihn herantrauen. Können wir überhaupt noch Fisch essen? Kann ich mich auf die Herkunftsangabe verlassen? Es sind die gleichen Fragen, die ich vor anderthalb Jahrzehnten auch stellte und die mich dazu brachten, mich auf die Suche nach den Fischern und Fischerinnen zu begeben, die nachhaltig fischten.

Heute ist die Welt des Fisches schrittweise immer transparenter geworden und das MSC-Gütesiegel für wild gefangenen Fisch und das ASC-Gütesiegel für Zuchtfisch sind gute Leitfäden, um eine nachhaltige Wahl zu treffen. Es gibt keinen Grund, keinen Fisch zu essen, solange Sie Fisch mit einem dieser Gütesiegel kaufen. In den Niederlanden gibt es zudem das Informationssystem »Good Fish« oder »VISwijzer«, mit dem man beurteilen kann, welcher Fisch empfehlenswert ist und welcher nicht. Häufig werde ich gefragt: Sollten wir nicht ganz auf den Verzehr von Fisch verzichten? Abgesehen davon, dass das aus meeresbiologischer Sicht unnötig ist, sollten wir uns auf jeden Fall klarmachen, dass mehr als 200 Millionen Menschen von der Fischerei leben – der Großteil davon in Entwicklungsländern.

Wird Gemüse als Grundlage von Gerichten verwendet, sind keine großen Fischportionen nötig. Ich empfehle Ihnen, häufiger Tiefkühlfisch oder Fischkonserven zu verwenden. Der Fisch wird in der Hauptfangzeit gefangen und immer besser verarbeitet und direkt eingefroren oder in Dosen abgefüllt. Außerdem lässt sich auf der Verpackung leicht erkennen, ob der Fisch nachhaltig zertifiziert ist. Wenn Sie also nicht immer nur frischen Fisch kaufen, tragen Sie ebenfalls zu gesunden Meeren bei.

GESUND

Gemüse und Fisch passen wunderbar zusammen, nicht nur, was den Geschmack angeht, sondern auch mit Blick auf die Gesundheit. Fisch ist Gesundheit pur aus dem Meer, und Gemüse ist Gesundheit pur aus dem Boden. Gemüse und Fisch in einer Mahlzeit sind dementsprechend die perfekte Kombination.

Wussten Sie, dass Fisch gut für Herz, Blutgefäße und Gehirn ist? Das liegt an den speziellen Fetten, die faktisch nur im Fisch enthalten sind und daher Fischfette genannt werden. Wenn Sie keinen Fisch essen, ist es schwierig, diese Fette aufzunehmen. Doch im Fisch sind sie reichlich vorhanden - vor allem in Fettfischen wie Makrele, Lachs, Hering und Sardine, aber auch in mageren Fischarten. Außerdem steckt Fisch voller Eiweiß, Vitamin B12, Vitamin D und den Mineralien Jod, Phosphor und Selen. Der regelmäßige Verzehr von Fisch fördert also die Gesundheit. Nicht umsonst empfehlen Ernährungsexperten, einmal in der Woche Fisch auf den Speiseplan zu setzen.

Fisch liefert Ihnen also Gesundheit aus dem Meer. Und mit Gemüse nehmen Sie Gutes vom Land zu sich. Alle Ernährungswissenschaftler weltweit sind sich einig, dass Gemüse die Grundlage einer gesunden Ernährung bildet. Eine große Portion Gemüse gibt einem Essen nicht nur Farbe und Geschmack, sondern es liefert viele gesunde Nährstoffe wie Vitamin C, die Vitamin-A-Vorstufe Betacarotin, Folsäure und die Mineralien Eisen, Kalzium und Kalium. Ein schöner Nebeneffekt: Gemüse hat kaum Kalorien. Wenn Sie Gemüse essen, dann stärken Sie Ihre Abwehrkräfte und tun Haut, Knochen und Energievorrat etwas Gutes. Außerdem ist Gemüse randvoll mit bioaktiven Substanzen mit exotischen Namen wie Carotinoide und Flavonoide, die dem Gemüse häufig seine schöne Farbe geben; Karotten werden orange und Tomaten rot. Doch sie sind mehr als nur natürliche Farbstoffe: Sie schützen als Antioxidantien die Körperzellen. Und der letzte Trumpf des Gemüses sind die Ballaststoffe. Sie sind gut für den Darm und sorgen für ein Sättigungsgefühl, sodass wir nicht so schnell wieder Hunger verspüren.

Ich denke, dass Gemüse das eigentliche Geheimnis einer gesunden Ernährung ist. Allerdings kann ich nicht sagen, welches am gesündesten ist. Jedes Gemüse ist einzigartig und enthält einen anderen Mix an positiven Nährstoffen. Variieren Sie daher so viel wie möglich. Das ist gesund und lecker!

Ich beschränke mich bei den Rezepten in diesem Buch nicht nur auf Landgemüse. Regelmäßig koche ich mit Salzgemüse und Algen, die als Küsten- und Meeresgemüse zu verstehen sind. Nicht nur der salzige Geschmack, sondern auch der Nährwert von Algen steht dem von Fisch und Gemüse in nichts nach. Genau wie Fisch sind Salzgemüse und Algen eine gute Jod- und Phosphorquelle, und genau wie Gemüse enthalten sie Vitamin C, Eisen, Kalzium, Kalium und Ballaststoffe. Kein Wunder, dass ich ein großer Algenfan bin. Wenn Sie es noch nicht sind, dann hoffe ich, dass ich Sie mit meinen Rezepten aus diesem Buch überzeugen kann.

Ich finde es großartig, dass Gemüse und Fisch eine so wunderbare Liaison eingehen. Verstehen Sie nun, warum ich Gemüse und Fisch eine Hauptrolle in diesem Buch gebe? Sie kombinieren das Beste aus zwei Welten.

MEIN VORRATSSCHRANK

Ich achte darauf, dass in meiner Küche immer eine gute Auswahl an Grundzutaten vorrätig ist, damit ich direkt mit dem Kochen beginnen kann. Sie sollten bei diesen Geschmacksgebern nicht an der Qualität sparen. Denn diese entscheidet über Erfolg oder Misserfolg eines Gerichts.

OLIVENÖL

Zum Braten von Gemüse und Fisch habe ich immer ein mildes Olivenöl im Schrank stehen. Olivenöl extra vergine verträgt starke Hitze nicht gut, sodass Gerichte oftmals bitter und nicht so köstlich schmecken. Das Olivenöl extra vergine verwende ich ausschließlich für kalte Zubereitungen.

ERDNUSS- UND SONNENBLUMENÖL

Dieses Öl verwende ich insbesondere für warme Zubereitungen, denn es verträgt auch höhere Temperaturen. Zudem nutze ich regelmäßig Kokos- und Rapsöl.

ESSIG

Ich liebe Essig. Seine Säure kann ein Gericht perfekt abrunden. Standardmäßig habe ich Weißwein-, Rotwein-, Sherry-, Balsamico- und Reisessig im Küchenregal stehen.

GHEE ODER BUTTER

Ich verwende häufig Ghee, die indische Variante von geklärter Butter. Daneben habe ich meist eine Butter in guter Qualität im Kühlschrank.

EIER

Meine Eier haben meist die Größe M und sind immer bio. Ich bewahre sie im Eierkarton im Kühlschrank auf.

PFEFFER

Ich habe eine Mühle mit schwarzem Pfeffer und ein Döschen mit gemahlenem weißem Pfeffer. Weißer Pfeffer ist feiner und hat einen erdigen Geschmack, während schwarzer Pfeffer schärfer und kräftiger ist.

SALZ

Zum Abrunden von Gerichten nehme ich Salzflocken. Maldon-Meersalz ist mein persönlicher Favorit, aber Fleur de Sel oder andere Arten und Marken sind ebenfalls prima. Daneben habe ich für warme Zubereitungen immer ein Töpfchen mit feinem Salz parat, etwa zum Garen für Gemüse, aber auch zum Braten und Rösten.

GETROCKNETE KRÄUTER UND GEWÜRZE

Gute getrocknete Kräuter und Gewürze dürfen in keiner Küche fehlen. Sie sind lange haltbar. Empfehlenswert ist eine ausgewogene Auswahl an Kräutern und Gewürzen, zum Beispiel:

Oregano, Thymian, Rosmarin, Fenchelsamen, Koriandersamen, Kreuzkümmelsamen, Kümmelsamen, Kurkuma, gemahlener Cayennepfeffer, (geräuchertes) Paprikapulver, Chiliflocken, Safranpulver, Safranfäden, Sumach, getrocknete Rosenblätter, rosa Pfefferkörner, Wacholderbeeren, Gewürznelken, Zimtstangen, Sternanis, Bockshornklee, Kardamom und Vanille. Außerdem Ras el-Hanout, Zatar, Curry und Togarashi (japanisches Sieben-Gewürze-Pulver).

SONSTIGES

Vorrätig sein sollten auch rotes und grünes Harissa, Tahin, Granatapfelmelasse, Kapern, Worchestersauce, Tabasco, salzige und süße Sojasauce, Sardellen im Glas oder in der Dose, Gewürzgurken (oder Cornichons), Misopaste, Meerrettichcreme, Dijonsenf, Fischsauce, Mirin (süßer japanischer Reiswein), Cognac.

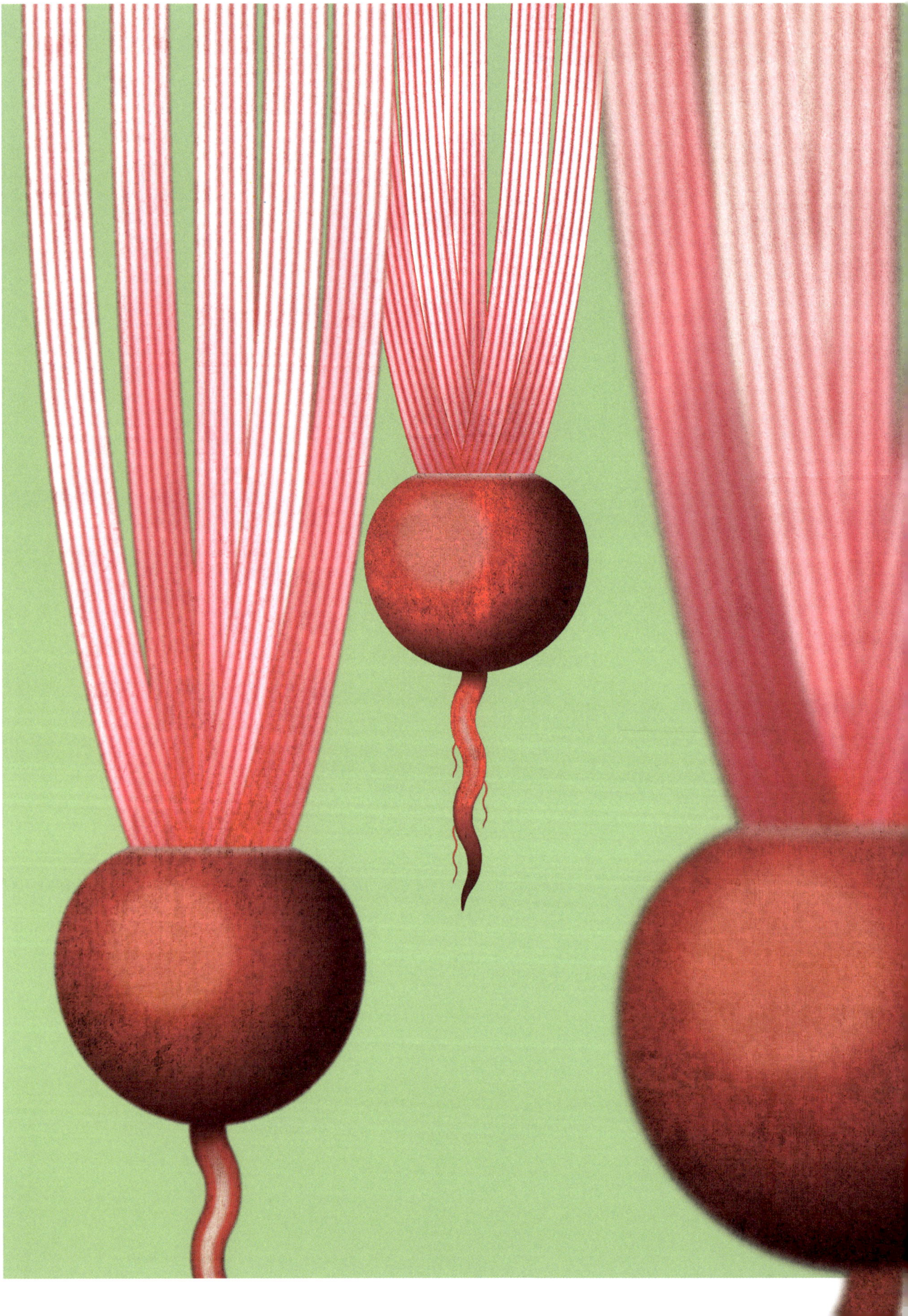

ROH

Viele Gemüsesorten und Fische können roh serviert werden. Wenn Sie sich für eine rohe Zubereitung entscheiden, dann entscheiden Sie sich gleichzeitig für die meisten Nährstoffe, frische, natürliche Geschmacksnoten, attraktive Farben und schöne Texturen. In diesem Kapitel finden Sie auch Gerichte, bei denen Gemüse streng genommen nicht »roh« ist, aber kalt zubereitet wird, etwa mit einer Salzmarinade oder sauer gegart.

THUNFISCH-TATAR MIT FRISÉE

Bei diesem Gericht habe ich mich von einer meiner Lieblingsspeisen inspirieren lassen: dem *steak tartare*, so wie es häufig im Pariser Bistro serviert wird. Das rohe Rindfleisch habe ich durch frisches Thunfischfilet ersetzt, das eine ähnlich fleischige Struktur hat. Statt eines Eigelbs können Sie auch pasteurisiertes Eigelb verwenden oder statt des Eis zusätzlich Olivenöl hinzufügen, um das Tatar schön sämig zu machen.

FÜR 2 PERSONEN
ZUBEREITUNGSZEIT 20 MINUTEN

FÜR DEN SALAT:
½ Friséesalat
2 TL Dijonsenf
1 EL Weißweinessig
Salz
3 EL mildes Olivenöl
frisch gemahlener schwarzer Pfeffer
6 Stängel Schnittlauch, fein geschnitten, für die Garnitur

FÜR DAS THUNFISCH-TATAR:
1 Schalotte, fein gehackt
4 Cornichons (kleine Gewürzgurken), gewürfelt
1 EL fein gehackte Kapern (aus dem Glas)
1 Frühlingszwiebel, fein gehackt
4 Stängel Petersilie, Blätter fein gehackt
160 g Gelbflossen-Thunfischfilet
4 TL Olivenöl extra vergine
Tabasco
Salz und frisch gemahlener schwarzer Pfeffer
1 Eigelb in der Schalenhälfte

Vom Friséesalat die Blattenden und den harten Strunk abschneiden, sodass nur der hellgrüne Teil übrig ist. Die Blätter auseinanderpflücken.

In einer Schüssel Senf und Essig mit einer Prise Salz verquirlen. Das Öl tröpfchenweise hinzufügen und dabei das Dressing mit der Gabel oder dem Schneebesen weiterschlagen. Mit Salz und Pfeffer würzen. Sollte das Dressing zu dickflüssig sein, noch etwas Wasser unterrühren. Beiseitestellen.

Für das Thunfisch-Tatar in einer zweiten Schüssel Schalotte, Cornichons, Kapern, Frühlingszwiebel und Petersilie verrühren. Den Thunfisch in ½ cm große Würfel schneiden und zur Mischung geben.

Das Tatar mit dem Öl, einigen Tropfen Tabasco, Salz und Pfeffer abschmecken und alles gut verrühren.

Das Dressing unter den Friséesalat mischen. Dazu das Tatar und das Eigelb servieren und den Salat mit den Schnittlauchröllchen bestreuen. Köstlich zu geröstetem Brot.

ENERGIE 1560 KJ / 375 KCAL — FETT 30 G — DAVON GESÄTTIGTE FETTSÄUREN 5 G
KOHLENHYDRATE 4 G — DAVON ZUCKER 3 G — EIWEISS 22 G — SALZ 1,1 G

GURKEN-FENCHEL-SALAT MIT GIN-TONIC-LACHS

Früher wurde frischer Lachs mariniert, um den Fisch länger haltbar zu machen. Heute marinieren wir ihn, damit der Lachs feiner im Geschmack wird. Da der Fisch maximal einen Tag mariniert wird, bekommt das Filet den leicht bitteren Hauch von Gin und Tonic.

FÜR 2 PERSONEN
MARINIERZEIT 24 STUNDEN
ZUBEREITUNGSZEIT 20 MINUTEN

FÜR DEN MARINIERTEN LACHS:
250 g Lachsfilet mit Haut
1 EL Koriandersamen
1 EL Fenchelsamen
2 Wacholderbeeren
3 schwarze Pfefferkörner
abgeriebene Schale von 1 unbehandelten Zitrone
2 EL brauner Zucker
2 EL grobes Meersalz
1 EL Gin
1 EL Tonic Water
frisch gemahlener schwarzer Pfeffer

FÜR DEN SALAT:
50 g Dicke Bohnen, gepalt
½ Salatgurke, in dünne Scheiben geschnitten
½ Knolle Fenchel, in dünne Scheiben geschnitten
3 Stängel Dill, Blätter abgezupft

FÜR DAS DRESSING:
abgeriebene Schale und Saft von ½ unbehandelten Orange
½ EL geriebener Meerrettich (frisch oder aus dem Glas)
1 EL Olivenöl extra vergine
2 TL Walnussöl
Saft von ½ Limette
Salz und frisch gemahlener schwarzer Pfeffer

Für den marinierten Lachs das Lachsfilet mit der Haut nach oben legen und 2 cm lange und 1 cm tiefe Schnitte machen. Eine Auflaufform mit Frischhaltefolie auslegen und das Lachsfilet mit der Haut nach unten darauflegen.

Koriander- und Fenchelsamen, Wacholderbeeren und Pfefferkörner mit dem Mörser fein zerstoßen, jedoch nicht allzu fein - die Gewürze dürfen noch erkennbar sein. Die Hälfte des Zitronenabriebs sowie Zucker, Salz, Gin und Tonic untermischen.

Die Mischung über dem Lachs verteilen und fest mit der Frischhaltefolie abdecken. Mit einem Brett oder einem Teller beschweren, damit die Aromen gut in den Lachs einziehen können. Im Kühlschrank 18–24 Stunden marinieren.

Den Lachs aus dem Kühlschrank nehmen und die Marinade vom Fisch abkratzen. Den Fisch unter fließendem Wasser kurz abspülen und mit Küchenpapier trocken tupfen. Mit einem Küchenmesser die Haut abziehen (siehe Seite 246). Mit dem restlichen Zitronenabrieb bestreuen und mit Pfeffer würzen. Den Fisch in ½ cm dicke Scheiben schneiden.

Für den Salat in einem Topf mit Wasser und einer Prise Salz die Dicken Bohnen 10–12 Minuten leicht köcheln lassen. Abseihen und unter fließendem kaltem Wasser abschrecken.

Für das Dressing Orangenabrieb und -saft mit Meerrettich, Olivenöl, Walnussöl und Limettensaft verrühren. Mit Salz und Pfeffer würzen.

Gurke, Fenchel und Dicke Bohnen mit dem Dressing und dem Dill mischen. Den Salat mit den Lachsscheiben anrichten.

TIPP — Sie können auch ein ganzes Lachsfilet marinieren. Für ein Lachsfilet von 800–1000 g die Zutaten vervierfachen.

ENERGIE 1455 KJ / 350 KCAL — FETT 21 G — DAVON GESÄTTIGTE FETTSÄUREN 4 G
KOHLENHYDRATE 13 G — DAVON ZUCKER 11 G — EIWEISS 22 G — SALZ 1,5 G

NIKKEI-AUSTERN

Schon seit dem Ende des 19. Jahrhunderts lebt in Peru eine große Bevölkerungsgruppe japanischer Herkunft. In Japan machte damals das Gerücht die Runde, in Peru sei Gold zu finden. Die Kombination von japanischer und peruanischer Küche ist wirklich echtes Gold, wir nennen es die Nikkei-Cuisine.

FÜR 2 PERSONEN
ZUBEREITUNGSZEIT 30 MINUTEN

12 Austern
1 Limette, halbiert

FÜR DAS SAKE-SOJA-DRESSING:
1 EL Sojasauce
1 EL Sake (japanischer Reiswein)
1 EL Mirin (süßer japanischer Reiswein)
1 Stück Salatgurke (2 cm), entkernt
1 Stück Ingwer (½ cm), geschält und gerieben
½ Frühlingszwiebel, in Ringe geschnitten
1 TL Sesamöl
1 TL Tobiko (Fischrogen)

FÜR DAS PERUANISCHE DRESSING:
½ Jalapeño-Chilischote, Samen entfernt, fein gehackt
½ Schalotte, fein gehackt
Saft von 1 Limette
4 Stängel Koriander, Blätter fein gehackt, plus etwas mehr für die Garnitur

Die Austern öffnen (siehe Seite 240). Die anfallende Flüssigkeit durch ein Sieb abseihen und auffangen.

Für das Sake-Soja-Dressing Sojasauce, Sake, Mirin und 1 EL Austernflüssigkeit verrühren. Die Gurke fein würfeln und mit Ingwer, Frühlingszwiebel und Dressing mischen. Auf die Hälfte der Austern geben und mit dem Öl beträufeln. Zum Schluss den Tobiko darauf anrichten.

Für das peruanische Dressing Jalapeño-Chili, Schalotte und Limettensaft verrühren und mit ½ EL Austernflüssigkeit und dem Koriander mischen. Das Dressing über die restlichen sechs Austern geben und mit den übrigen Korianderblättern bestreuen.

Die Austern ausrichten und mit der Limettenhälfte garnieren.

ENERGIE 1450 KJ / 345 KCAL — FETT 11 G — DAVON GESÄTTIGTE FETTSÄUREN 4 G
KOHLENHYDRATE 28 G — DAVON ZUCKER 4 G — EIWEISS 29 G — SALZ 7,2 G

GEMÜSE-CEVICHE MIT SEEHECHT UND JALAPEÑO-TIGERMILCH

Seit meiner ersten Reise nach Peru vor einigen Jahren ist die Ceviche zu meinem Lieblingsessen geworden. Sie können sie mit Fisch oder Gemüse ganz vielseitig zubereiten. Die Zutaten werden in der sogenannten Tigermilch mariniert. Das ist eine scharfe Marinade mit einer sauren Basis – meist Limette –, die die Zutaten durchzieht. Die Marinade hat übrigens nichts mit der Milch von Tigern zu tun, sondern ist Grundlage einer jeden Ceviche-Zubereitung.

FÜR 2 PERSONEN
ZUBEREITUNGSZEIT 20 MINUTEN

FÜR DIE JALAPEÑO-PASTE:
3 Jalapeño-Chilischoten (siehe Tipp)
1 EL fein gehackte Zwiebel
1 Knoblauchzehe, grob gehackt
2 EL Olivenöl extra vergine

FÜR DIE CEVICHE:
Salz
1 kleine Süßkartoffel
2 TL Jalapeño-Paste
Saft von 2 Limetten
140 g Seehechtfilet, in 2 cm dicke Scheiben geschnitten
1 Avocado, Fruchtfleisch in Scheiben geschnitten
½ rote Zwiebel, in Ringe geschnitten
1 EL Granatapfelkerne
3 Stängel Koriander, Blätter abgezupft

Für die Jalapeño-Paste die Zutaten im Mixer glatt pürieren. Beiseitestellen.

Für die Ceviche Wasser mit einer Prise Salz in einem Topf aufkochen und die Süßkartoffel darin 15–20 Minuten garen. Wenn sie sich mit der Gabel leicht einstechen lässt, ist sie fertig gegart. Die Süßkartoffel herausnehmen, pellen, abkühlen lassen und in 2 cm große Würfel schneiden.

Mit einem Schneebesen die Jalapeño-Paste mit Limettensaft und ½ TL Salz verquirlen. In einer Schüssel mit den Fischstücken mischen. Dann 5 Minuten stehen lassen, damit die Säure in den Fisch einziehen kann. Avocado, Süßkartoffel und Zwiebel untermischen, dabei ein wenig von diesen Zutaten als Garnitur aufbewahren.

Die Ceviche mit der Tigermilch servieren und mit Granatapfelkernen und Korianderblättern garnieren.

TIPP — Die Samen der Chilischoten mitverwenden, wenn Sie das Gericht schärfer mögen; für einen milderen Geschmack die Samen entfernen.

ENERGIE 1155 KJ / 325 KCAL — FETT 21 G — DAVON GESÄTTIGTE FETTSÄUREN 3 G
KOHLENHYDRATE 16 G — DAVON ZUCKER 7 G — EIWEISS 15 G — SALZ 0,7 G

ROHE RÜBEN MIT BOQUERONES UND MANCHEGO

Boquerones sind in Spanien die Nummer eins unter den Tapas. Die rohen Sardellenfilets werden einige Stunden in Weinessig eingelegt. Der erdige Geschmack der hauchdünnen Rüben und die pikante Süße des Manchego-Käses passen perfekt zur frischen Säure der Sardellen. Keine Zeit zum Marinieren? Dann kaufen Sie fertige Boquerones.

FÜR 2 PERSONEN
MARINIERZEIT 6 STUNDEN
ZUBEREITUNGSZEIT 15 MINUTEN

FÜR DIE BOQUERONES:
100 g frische Sardellenfilets
Salz
80 ml Weißweinessig
2 Knoblauchzehen, fein gehackt
3 EL Olivenöl extra vergine
1 Stängel Petersilie, Blätter fein gehackt

SONSTIGE ZUTATEN:
200 g gemischte Rüben (Rote Bete, Chioggia, gelbe Rüben etc.)
6 EL Olivenöl extra vergine
Saft von ½ Zitrone
Meersalzflocken (z. B. Maldon oder Fleur de Sel)
frisch gemahlener schwarzer Pfeffer
50 g Manchego, in dünne Scheiben geschnitten

TIPP — Für dieses Rezept können Sie auch Sardinenfilets verwenden.

Für die Boquerones die Sardellenfilets mit der Haut nach oben in eine Schale legen. Mit Salz bestreuen und den Essig darüber verteilen, sodass die Filets gerade bedeckt sind. Abgedeckt im Kühlschrank 5 Stunden marinieren.

Die Fischfilets aus der Marinade nehmen und kurz unter fließendem kaltem Wasser abspülen. Mit Küchenpapier trocken tupfen und nebeneinander in eine Schale legen. Die Hälfte des Knoblauchs und ½ TL Salz im Mörser zu einer Paste verarbeiten. Mit dem Öl verrühren und die Mischung auf den Sardellenfilets verteilen. Die Schale abdecken und die Sardellen im Kühlschrank mindestens 1 Stunde marinieren. Die marinierten Sardellen 15 Minuten vor dem Servieren aus dem Kühlschrank nehmen, mit Petersilie und dem restlichen Knoblauch bestreuen und auf Zimmertemperatur bringen.

Die Rüben mit dem Gemüsehobel oder dem Sparschäler hauchdünn schneiden. In einer Schüssel die Scheiben mit dem Öl mischen und 6–8 Minuten stehen lassen. Den Zitronensaft unterrühren und die Rüben mit Meersalzflocken und Pfeffer würzen. Die Boquerones auf den Rübenscheiben anrichten und mit dem Käse garnieren.

ENERGIE 2580 KJ / 625 KCAL — FETT 56 G — DAVON GESÄTTIGTE FETTSÄUREN 13 G
KOHLENHYDRATE 8 G — DAVON ZUCKER 7 G — EIWEISS 18 G — SALZ 1,4 G

BRUNNENKRESSE-KORIANDER-SALSA MIT SCHWERTFISCH UND TOMATE

Das ist meine Version einer klassischen Salsa verde, einer Sauce mit grünen Kräutern. Diese Salsa passt großartig zu rohem Fisch. Der pfeffrige Geschmack der Brunnenkresse macht die Salsa schön würzig. Sie können nach Belieben auch andere Kräuter wie Basilikum, Petersilie, Kerbel oder Dill verwenden.

FÜR 2 PERSONEN
ZUBEREITUNGSZEIT 20 MINUTEN

FÜR DIE SALSA:
½ Knoblauchzehe
2 TL Kapern (aus dem Glas)
10 Stängel Brunnenkresse, Blätter abgezupft
6 Stängel Koriander, Blätter abgezupft
2 EL Rotweinessig
6 EL mildes Olivenöl
Saft von ¼ Zitrone
Salz und frisch gemahlener schwarzer Pfeffer

SONSTIGE ZUTATEN:
200 g Schwertfischfilet
Olivenöl extra vergine
1 Handvoll gemischter Salat
6 Kirschtomaten, geviertelt
2 TL Kapern (aus dem Glas)
1 Frühlingszwiebel, in Ringe geschnitten
Schale von ½ eingelegten Zitrone, in feine Streifen geschnitten
10 Erbsensprossen (oder andere Sprossen)
10 g Mandelblätter

Für die Salsa Knoblauch, Kapern, Brunnenkresse, Korianderblätter, Essig, Öl und Zitronensaft im Mixer verarbeiten. Mit Salz und Pfeffer würzen.

Das Schwertfischfilet auf ein Schneidebrett legen. Eine Hand auf den Fisch legen und mit einem Filetiermesser den Fisch in möglichst dünne Scheiben schneiden. Jede Fischscheibe in Frischhaltefolie wickeln. Mit etwas Schwerem, wie beispielsweise der Unterseite einer Stieltopfs, auf die Scheiben schlagen, damit sie dünner und größer werden.

Die Teller zum Servieren mit etwas Öl beträufeln, damit der Fisch nicht kleben bleibt. Die Fischscheiben auf Tellern anrichten.

Pro Teller 1 EL Salsa auf dem Schwertfisch verteilen. Salat und Tomatenviertel mit etwas Öl mischen und auf dem Fisch anrichten.

Mit Kapern, Frühlingszwiebel, Zitronenschale, Erbsensprossen und Mandelblättern garnieren und die restliche Salsa in einem Schälchen dazu reichen.

ENERGIE 1865 KJ / 450 KCAL — FETT 36 G — DAVON GESÄTTIGTE FETTSÄUREN 6 G
KOHLENHYDRATE 6 G — DAVON ZUCKER 4 G — EIWEISS 22 G — SALZ 1,2 G

JAPAN-SALAT MIT LACHS-TATAKI

Tataki ist eine klassische japanische Zubereitungsweise. Wird der Fisch kurz scharf angebraten, bekommt er eine knusprige Schicht. Scharfes Anbraten fördert einen angenehm bitteren Geschmack. Durch Sesamsamen oder getrocknete Kräuter erhält die Außenseite zusätzlich Geschmack. Den Fisch nach dem Braten schnell abkühlen lassen; innen bleibt er dann schön roh.

FÜR 2 PERSONEN
ZUBEREITUNGSZEIT 25 MINUTEN

FÜR DEN SALAT:

3 EL weiße Sesamsamen
2 EL schwarze Sesamsamen
1 TL zerstoßene Koriandersamen
200 g Lachsfilet, in 3–4 cm große Stücke geschnitten
Rapsöl
½ Salatgurke, entkernt und in lange Bänder geschnitten
2 Karotten, geschält und in feine Stifte geschnitten
2 Frühlingszwiebeln, in Ringe geschnitten
4 Radieschen, in Scheiben geschnitten
3 EL Edamame-Bohnen (Sojabohnen)
1 EL Blätter vom Daikon-Rettich

FÜR DAS MISODRESSING:

2 EL Sesamöl
2 EL Rapsöl
2 EL Reisessig
1 EL Mirin (süßer japanischer Reiswein)
1 EL Sojasauce
Saft von ½ Limette
1 EL weiße Misopaste

TIPP — Den Lachs können Sie durch Thunfisch ersetzen.

Für den Salat 1 EL weiße Sesamsamen in einer Pfanne ohne Fett bei mittlerer Temperatur goldbraun rösten, abkühlen lassen und beiseitestellen.

Für das Dressing Sesamöl, Rapsöl, Reisessig, Mirin, Sojasauce und Limettensaft verrühren. Mit dem Schneebesen die Misopaste unterquirlen. Das Dressing beiseitestellen.

Die restlichen weißen Sesamsamen mit den schwarzen Sesamsamen und den Koriandersamen mischen und auf einem Teller verteilen. Die Lachsstücke rundum mit Öl einpinseln und in der Sesam-Koriander-Mischung wenden. Alle Seiten sollten gut davon bedeckt sein.

Ein Schälchen mit Eiswasser bereitstellen. Eine Pfanne ohne Öl auf mittlere Temperatur erhitzen. Den Lachs von jeder Seite 30 Sekunden scharf anbraten, sodass die Sesampanade gerade karamellisiert. Die Fischstücke aus der Pfanne nehmen, in einen Frischhaltebeutel füllen und in das Eiswasser legen, sodass der Lachs nicht weitergart. Der Fisch sollte nicht mit dem Wasser in Berührung kommen. Die Lachsstücke abkühlen lassen und in 1 cm dicke Scheiben schneiden.

In einer Schüssel Gurke, Karotten, Frühlingszwiebeln, Radieschen und Edamame-Bohnen mit dem Dressing und dem gerösteten Sesam mischen. Den Salat mit dem Lachs anrichten und mit den Blättern vom Daikon-Rettich garnieren.

ENERGIE 2755 KJ / 660 KCAL — FETT 50 G — DAVON GESÄTTIGTE FETTSÄUREN 7 G
KOHLENHYDRATE 17 G — DAVON ZUCKER 9 G — EIWEISS 31 G — SALZ 1,8 G

SUSHI-BOWL MIT MAKRELE

Die Poké-Bowl stammt ursprünglich aus Hawaii und hat in den letzten Jahren die westliche Welt erobert. Das knackige Gemüse, die zarte Struktur des Fettfisches und der süßsaure Sushi-Reis sind in dieser »Sushi-Bowl« großartig kombiniert. Schneiden Sie die Makrelenfilets in diagonale Scheiben, so wie es auch auf Hawaii gemacht wird (*poké* bedeutet »schneiden«).

FÜR 2 PERSONEN
ZUBEREITUNGSZEIT 45 MINUTEN

FÜR DEN REIS:
125 g Sushi-Reis
3 EL Reisessig
½ TL Salz
½ TL Zucker

FÜR DAS DRESSING:
1 EL Sesamöl
1 EL Sojasauce
1 EL Mirin (süßer japanischer Reiswein)
1 EL Reisessig

SONSTIGE ZUTATEN:
120 g Makrelenfilets ohne Haut, schräg in Scheiben geschnitten
50 g Sojabohnen
20 g Chuka Wakame (japanischer Algensalat)
1 Avocado, Fruchtfleisch in Scheiben geschnitten
½ Salatgurke, entkernt und in dünne Streifen geschnitten
½ Karotte, geschält und geraspelt
5 Radieschen, in Scheiben geschnitten
50 g Lachskaviar

Den Reis in einem Sieb unter fließendem Wasser abspülen. Wenn das abfließende Wasser klar ist, den Reis gründlich abtropfen lassen. Dann den Reis in einen Topf geben und gerade so viel Wasser hinzufügen, dass der Reis fingerbreit bedeckt ist. Aufkochen und bei aufgesetztem Deckel 15 Minuten köcheln lassen. Den Herd ausschalten und den Reis weitere 15 Minuten bei aufgesetztem Deckel ausquellen lassen.

Inzwischen in einem Stieltopf den Essig mit Salz und Zucker aufkochen. So lange rühren, bis sich der Zucker aufgelöst hat. Abkühlen lassen.

Das Essig-Salz-Zucker-Gemisch mit dem lauwarmen Reis mischen und in einer Schale abkühlen lassen.

Für das Dressing Sesamöl, Sojasauce, Mirin und Reisessig verrühren.

Den Reis in eine Schale füllen und darauf Makrelenfilets, Sojabohnen, Chuka Wakame, Avocado, Gurke, Karotte, Radieschen und Lachskaviar anrichten. Das Dressing dazu servieren.

ENERGIE 3380 KJ / 810 KCAL — FETT 46 G — DAVON GESÄTTIGTE FETTSÄUREN 8 G
KOHLENHYDRATE 64 G — DAVON ZUCKER 8 G — EIWEISS 32 G — SALZ 3,9 G

SUPPEN

In diesem Kapitel finden Sie weder klassische noch wenig bekannte Fischsuppen, sondern Suppen mit viel Geschmack und mit frischem Gemüse zubereitet – und angenehm durch Fisch ergänzt. Von frischen Sommersuppen bis zu deftiger Winterkost. Die meisten auf Basis einer Gemüsebrühe, doch Sie können wunderbar mit Fisch- oder Krustentierbrühe experimentieren.

BLUMENKOHLSUPPE MIT KRABBE UND ESTRAGONÖL

Blumenkohl harmoniert sehr gut mit dem süßen Geschmack des Krebses. Für dieses Rezept können Sie alle möglichen Krebsarten auswählen. Ich habe die Königskrabbe verwendet, berühmt geworden durch die Doku-Soap *Der gefährlichste Job Alaskas* über das Krabbenfischen in der Beringsee bei Alaska.

FÜR 2 PERSONEN
ZUBEREITUNGSZEIT 30 MINUTEN

2 EL Olivenöl
1 Zwiebel, fein gehackt
1 Stange Lauch, grüner Anteil entfernt, in Ringe geschnitten
200 g mehlig kochende Kartoffeln, geschält und gewürfelt
350 g Blumenkohlröschen
700 ml Gemüsebrühe (siehe Seite 232)
2 Stängel Estragon, Blätter grob gehackt, plus etwas mehr für die Garnitur
Salz und frisch gemahlener schwarzer Pfeffer
300 g Beine der Kleinen Königskrabbe oder Königskrabbe, gegart

FÜR DAS ESTRAGONÖL:
4 Stängel Estragon, Blätter abgezupft
Salz
3 EL Olivenöl extra vergine
½ TL Zitronensaft
frisch gemahlener schwarzer Pfeffer

Den Backofen auf 160 °C Ober-/Unterhitze vorheizen.

In einer Pfanne das Öl auf mittlere Temperatur erhitzen. Zwiebel und Lauch darin anschwitzen. Kartoffelwürfel und Blumenkohlröschen hinzufügen und 1 Minute mitbraten. Die Gemüsebrühe hinzufügen, aufkochen und etwa 15 Minuten leicht köcheln lassen, bis Kartoffeln und Blumenkohl gar sind. Den Herd ausschalten und die Suppe mit dem Stabmixer pürieren. Den Estragon untermischen und alles mit Salz und Pfeffer würzen. Die Suppe warm halten.

Für das Estragonöl in der Zwischenzeit die Estragonblätter mit einer kräftigen Prise Salz im Mörser fein vermahlen. Das Öl unterrühren und mit Zitronensaft und Pfeffer abschmecken. Das aromatisierte Öl durch ein feines Sieb streichen.

Die Krabbenbeine aufbrechen (die Schale darf dranbleiben, die Beine werden nur aufgebrochen, damit sie später einfacher zu essen sind) und 3–4 Minuten im Backofen erwärmen.

Die Suppe mit den Krabbenbeinen und dem Estragonöl servieren. Mit den übrigen Estragonblättern garnieren und nach Belieben mit knusprigem Brot reichen.

ENERGIE 2020 KJ / 485 KCAL —— FETT 29 G —— DAVON GESÄTTIGTE FETTSÄUREN 5 G
KOHLENHYDRATE 35 G —— DAVON ZUCKER 10 G —— EIWEISS 19 G —— SALZ 4,3 G

KARTOFFEL-BRUNNENKRESSE-SUPPE MIT KIPPER

Kipper sind kaltgeräucherte Heringe. Der Rauchgeschmack passt perfekt zur cremigen Kartoffel-Brunnenkresse-Suppe. Sobald alle Zutaten weich gegart sind, wird alles püriert und mit Sahne gebunden. Eine Vichyssoise, wie eine gebundene Gemüsesuppe auch genannt wird, serviert man traditionell kalt, doch Sie können sie auch warm genießen. Köstlich im Winter!

FÜR 2 PERSONEN
ZUBEREITUNGSZEIT 30 MINUTEN

20 g Butter
1 Schalotte, fein gehackt
1 Knoblauchzehe, fein gehackt
1 Stange Lauch, in Ringe geschnitten
2 EL Weißwein
300 g mehligkochende Kartoffeln, geschält und in 2 cm große Würfel geschnitten
500 ml Gemüsebrühe (siehe Seite 232)
50 g Sahne
60 g Brunnenkresse, Blätter abgezupft
½ TL geriebene Muskatnuss
Salz und frisch gemahlener schwarzer Pfeffer
2 Kipper (warmgeräucherte Heringe), filetiert
2 Stängel Kerbel, Blätter abgezupft
Olivenöl extra vergine

TIPP — Der Kipper lässt sich gut durch Räucherlachs oder Räucherforelle ersetzen.

Den Backofen auf 100 °C Ober-/Unterhitze vorheizen.

Die Butter in einem hohen Topf bei mittlerer Temperatur zerlassen. Schalotte, Knoblauch und Lauch hinzufügen. Gut 1–2 Minuten rühren und dann den Wein hinzugießen. Die Temperatur reduzieren und das Lauchgemüse 10 Minuten bei aufgesetztem Deckel schmoren lassen. Das Gemüse soll keine Farbe annehmen.

Die Kartoffelwürfel unter fließendem kaltem Wasser abspülen und dazugeben. Die Gemüsebrühe hinzugießen und die Flüssigkeit köcheln lassen, bis die Kartoffeln nach etwa 15 Minuten gar sind. Die Sahne untermischen und 5 Minuten mitkochen. Einen Großteil der Brunnenkresse und Muskat hinzufügen und die Suppe mit dem Stabmixer fein pürieren. Mit Salz und Pfeffer würzen. Die Suppe warm halten.

Die Kipper im Backofen 8–10 Minuten erwärmen. Den Fisch in grobe Stücke teilen.

Die Suppe mit Kipper, den übrigen Brunnenkresse- und Kerbelblättern servieren und zusätzlich mit etwas Öl beträufeln.

ENERGIE 2180 KJ / 525 KCAL — FETT 35 G — DAVON GESÄTTIGTE FETTSÄUREN 13 G
KOHLENHYDRATE 29 G — DAVON ZUCKER 5 G — EIWEISS 20 G — SALZ 4,2 G

MISO-RAMEN MIT GEMÜSE UND JAKOBSMUSCHELN

Ich finde, Miso-Ramen macht süchtig. Die berühmte japanische Nudelsuppe ist ideal, um Gemüse und Fisch zu kombinieren. Die Grundlage ist eine Brühe von (meist) Fisch oder Krustentieren. Doch zur Hälfte Fisch, zur Hälfte Gemüse ist ebenfalls möglich, oder eine Gemüsebrühe nur aus Gemüse. Das hinzugefügte Gemüse muss schön knackig bleiben. Herrlich mit samtigen, scharf angebratenen Jakobsmuscheln.

FÜR 2 PERSONEN
ZUBEREITUNGSZEIT 30 MINUTEN

300 ml Fischbrühe (siehe Seite 232)
300 ml Gemüsebrühe (siehe Seite 232)
1 EL weiße Misopaste
1 Ei
Salz
Öl zum Braten
200 g Ramen oder Reisnudeln
60 g Shiitakepilze, grob zerkleinert
1 Pak Choi, die Enden abgetrennt, in Stücke geschnitten
½ Chinakohl, in Streifen gehobelt
2 EL Sojasauce
2 TL Mirin (süßer japanischer Reiswein)
frisch gemahlener schwarzer Pfeffer
6 Jakobsmuscheln, aus der Schale herausgelöst
1 Frühlingszwiebel, fein gehackt
40 g Sprossen
1 Handvoll Keime
2 Stängel Koriander, Blätter abgezupft

In einem Topf mit einem Schneebesen Brühen und Misopaste verrühren und bei geringer Temperatur erwärmen, aber nicht aufkochen.

Das Ei verquirlen und mit Salz würzen. In einer kleinen Pfanne bei mittlerer Temperatur das verquirlte Ei in einem Spritzer Öl in 2–3 Minuten zum Omelett braten. Nach der Hälfte der Zeit einmal wenden. Dann das Omelett aus der Pfanne heben und in dünne Streifen schneiden. Beiseitestellen.

In einem zweiten Topf 3 Liter Wasser zum Kochen bringen. Die Nudeln nach Packungsanweisung garen und anschließend in einem Sieb unter fließendem Wasser abspülen, damit sie nicht zusammenkleben.

In einem weiteren Topf 1 EL Öl erhitzen und darin die Shiitakepilze 1–2 Minuten anbraten, Pak Choi und Chinakohl hinzufügen und alles noch 1 Minute braten. Sojasauce und Mirin hinzufügen. Mit Pfeffer würzen. Die Nudeln untermischen und die Nudel-Gemüse-Mischung auf Suppenschalen verteilen. Die Brühe hinzufügen, bis die Nudeln gerade davon bedeckt sind.

In der Zwischenzeit die Jakobsmuscheln von beiden Seiten mit Salz würzen. Die Omelettpfanne säubern und darin 1 EL Öl auf mittlere Temperatur erhitzen. Sobald das Öl ausreichend heiß ist, die Jakobsmuscheln 1–1½ Minuten von jeder Seite kurz anbraten. Die Jakobsmuscheln auf den Nudeln und dem Gemüse in den Suppenschalen anrichten und die Omelettstreifen auflegen.

Zum Schluss mit Frühlingszwiebel, Sprossen, Keimen und Koriander garnieren.

ENERGIE 2175 KJ / 520 KCAL — FETT 20 G — DAVON GESÄTTIGTE FETTSÄUREN 4 G
KOHLENHYDRATE 53 G — DAVON ZUCKER 6 G — EIWEISS 30 G — SALZ 5,5 G

GAZPACHO MIT GARNELEN

Gazpacho können Sie mit vielerlei Gemüse zubereiten. Diese rote Variante nutzt Tomate und Paprika. Wichtig ist die Bindung, denn schließlich soll keine Tomatensuppe herauskommen. In Katalonien, wo ich immer gern bin, nehmen sie dafür Weißbrot, das in eiskaltem Wasser eingeweicht wird. Servieren Sie diese Gemüsesuppe am besten gut gekühlt.

FÜR 2 PERSONEN
ZUBEREITUNGSZEIT 45 MINUTEN

250 g Tomaten, Samen entfernt, in grobe Stücke geschnitten
1 rote Paprikaschote, Samen entfernt, in grobe Stücke geschnitten
1 rote Chilischote, Samen entfernt, grob gehackt
½ rote Zwiebel, grob gehackt
1 Knoblauchzehe, halbiert
4 Stängel Basilikum, Blätter abgezupft
3 Scheiben Landbrot
3 EL mildes Olivenöl, plus etwas mehr für die Croûtons
1 EL Sherryessig
½ TL gemahlener Kreuzkümmel
Salz und frisch gemahlener schwarzer Pfeffer
150 g gegarte Nordseekrabben

TIPP — Nordseekrabben sind die bekanntesten Vertreter der Garnelen. Sie können für dieses Rezept aber auch andere Garnelenarten verwenden - ganz nach Geschmack.

Den Backofen auf 180 °C Ober-/Unterhitze vorheizen.

In der Küchenmaschine Tomaten, Paprika, Chili, Zwiebel, Knoblauch und Basilikum zu einer glatten Paste verarbeiten. Von zwei Scheiben Brot die Kruste abschneiden und das Brot in grobe Stücke teilen. Die Brotstücke unter fließendes kaltes Wasser halten, bis sie sich ganz vollgesaugt haben. Das Brot mit den Händen gut ausdrücken und zur Mischung in die Küchenmaschine geben. Noch einmal zusammen mit Öl, Essig und Kreuzkümmel zerkleinern und mit Salz und Pfeffer würzen.

Die Gazpacho in den Kühlschrank stellen, bis sie gut durchgekühlt ist.

In der Zwischenzeit die letzte Scheibe Brot in grobe Stücke teilen, mit etwas Öl und Salz mischen. Ein Backblech mit Backpapier auslegen und die Brotstücke darauf verteilen. Die Croûtons im Backofen etwa 10 Minuten rösten, bis sie goldbraun und knusprig sind. Abkühlen lassen.

Die Gazpacho bei Bedarf mit Essig, Salz und Pfeffer abschmecken. Mit den Garnelen und den Croûtons servieren.

ENERGIE 2185 KJ / 520 KCAL — FETT 19 G — DAVON GESÄTTIGTE FETTSÄUREN 3 G
KOHLENHYDRATE 58 G — DAVON ZUCKER 10 G — EIWEISS 26 G — SALZ 3 G

LAKSA MIT GARNELEN UND HERZMUSCHELN

Laksa ist das Nationalgericht von Malaysia und Singapur und wird mit Fisch oder Fleisch, aber auch vegetarisch zubereitet. Meine Variante dieser cremigen Nudelsuppe mit Kokosmilch können Sie mit knackigem Gemüse, Tigergarnelen und Herzmuscheln servieren. Die Currypaste sorgt für die nötige Schärfe und kann leicht selbst gemacht werden.

FÜR 2 PERSONEN
ZUBEREITUNGSZEIT 30 MINUTEN

200 g Reisnudeln
Öl zum Braten
6 Tigergarnelen, geschält und den Darm entfernt
Salz
200 ml Kokosmilch
400 ml Fischbrühe (siehe Seite 232)
50 g Zuckererbsen, die Fäden entfernt
2 Stangen grüner Spargel, längs halbiert und in Stücke geschnitten
1 TL (Palm-)Zucker
2 Stängel Zitronengras, zerdrückt
200 g Herzmuscheln, gesäubert
1 Frühlingszwiebel, in Ringe geschnitten
2 Stängel Koriander, Blätter abgezupft
2 Limettenspalten

FÜR DIE CURRYPASTE:
1 TL Garnelenpaste
1 TL Kreuzkümmelsamen
1 TL Koriandersamen
1 Stück Ingwer (2 cm), geschält und grob gehackt
3 rote Chilischoten, Samen entfernt, grob gehackt
2 Schalotten, grob gehackt
3 Knoblauchzehen, grob gehackt
2 TL gemahlene Kurkuma (oder 2 cm frische Kurkumawurzel, grob gehackt)
abgeriebene Schale und Saft von 1 unbehandelten Limette
2 EL Sesamöl

Für die Currypaste die Garnelenpaste 2 Minuten in einer Pfanne ohne Fett rösten, herausnehmen und abkühlen lassen. Kreuzkümmel- und Koriandersamen mit der Garnelenpaste im Mörser fein zerstoßen. Zusammen mit Ingwer, Chilis, Schalotten, Knoblauch, Kurkuma, Limettenabrieb und -schale und dem Öl im Mörser oder in der Küchenmaschine zu einer glatten Masse pürieren.

Wasser in einem Topf bei mittlerer Temperatur zum Kochen bringen und die Nudeln nach Packungsanweisung garen. Anschließend in einem Sieb unter fließendem Wasser abspülen, damit sie nicht zusammenkleben.

In einer Pfanne 2 EL Öl bei mittlerer Temperatur erhitzen. Die Garnelen mit Salz bestreuen und 2–3 Minuten unter Rühren anbraten. Beiseitestellen.

In einem Topf 2 EL Currypaste anschmoren. Die Kokosmilch hinzugießen. Sobald sich beides gut vermischt hat, Fischbrühe, Zuckererbsen, Spargel, Zucker und Zitronengras hinzufügen. Mit der Currypaste abschmecken. Die Herzmuscheln in die Laksa legen und 4–5 Minuten bei niedriger Temperatur köcheln lassen, bis die Schalen sich öffnen. Die Garnelen hinzufügen und kurz erwärmen.

Die Nudeln auf zwei Suppenschalen verteilen und die Laksa mit Gemüse, Muscheln und Garnelen darübergeben. Mit Frühlingszwiebel, Koriander und Limettenspalten garnieren.

TIPP — Die restliche Currypaste können Sie abgedeckt im Kühlschrank aufbewahren.

ENERGIE 2955 KJ / 710 KCAL — FETT 38 G — DAVON GESÄTTIGTE FETTSÄUREN 18 G
KOHLENHYDRATE 53 G — DAVON ZUCKER 5 G — EIWEISS 38 G — SALZ 3,4 G

GURKENSUPPE MIT SEEBARSCH-TATAR

Gurke ist frisch und neutral im Geschmack. Doch in Kombination mit dem scharfen Tatar vom Seebarsch wird daraus eine herrliche kalte Gurkensuppe. Ein ideales Gericht für den Sommer.

FÜR 2 PERSONEN
ZUBEREITUNGSZEIT 20 MINUTEN

FÜR DIE SUPPE:
1 Salatgurke, grob geschnitten
1 Stück Ingwer (1 cm), geschält und gerieben
½ Knoblauchzehe, fein gehackt
2 Stängel Dill, Blätter abgezupft
50 g Sahne
1 EL Zitronensaft
Salz und frisch gemahlener schwarzer Pfeffer
1 Stängel Koriander, Blätter abgezupft
Olivenöl extra vergine

FÜR DAS TATAR:
100 g Seebarschfilet ohne Haut, in kleine Würfel geschnitten
¼ Frühlingszwiebel, fein gehackt
¼ Schalotte, fein gehackt
¼ Tomate, Samen entfernt, fein gewürfelt (ich verwende hier eine grüne Tomate)
¼ Jalapeño-Chilischote, Samen entfernt, fein gehackt
Saft von ¼ Limette
1 TL mildes Olivenöl
2 Stängel Koriander, Blätter abgezupft
Salz

Für die Suppe mit dem Stabmixer Gurke, Ingwer, Knoblauch, Dill und Sahne glatt pürieren. Mit Zitronensaft, Salz und Pfeffer abschmecken.

Für das Tatar den Seebarsch mit Frühlingszwiebel, Schalotte, Tomate, Jalapeño-Chili, Limettensaft, Öl und Koriander mischen und mit Salz würzen.

Die Suppe auf Suppenteller verteilen, das Seebarsch-Tatar darauf anrichten und mit Koriander und einigen Tropfen Öl garnieren.

ENERGIE 895 KJ / 215 KCAL — FETT 15 G — DAVON GESÄTTIGTE FETTSÄUREN 5 G
KOHLENHYDRATE 6 G — DAVON ZUCKER 4 G — EIWEISS 14 G — SALZ 0,1 G

SALATE

Salate lassen sich einfach perfekt mit unterschiedlichem Gemüse, doch überraschenderweise auch gut mit Fisch kombinieren. Geräucherter und marinierter Fisch sowie Fisch aus der Dose können einen Salat leicht und lecker ergänzen. Aber auch *à la minute* zubereiteter Fisch ist prima. Sie finden nachfolgend nicht nur eigene Kreationen, sondern auch bekannte Klassiker, die ich nach eigenem Gusto abgewandelt habe.

SALADE LYONNAISE MIT MOJAMA UND MANDELN

Lyonnaise ist ein Salat, der in den berühmten *bouchons* von Lyon auf der Karte steht. Die klassischen knusprigen Speckwürfel in diesem Salat ersetze ich durch Mojama. Mojama ist gesalzenes Thunfischfilet, das einige Wochen in Sonne und Meereswind getrocknet wird. Diese Spezialität aus Andalusien wird auch *pata negra de la mar* genannt. Mojama können Sie auf jeden Fall online beziehen, es kann aber auch durch Räucherlachs ersetzt werden.

FÜR 2 PERSONEN
ZUBEREITUNGSZEIT 25 MINUTEN

1 Knoblauchzehe
2 Scheiben Brot
Olivenöl zum Braten
50 g blanchierte Mandeln
½ TL Naturessig
2 Eier
1 Friséesalat-Herz
150 g Mojama (sonnengetrockneter Thunfisch), dünn geschnitten

FÜR DIE VINAIGRETTE:
2 TL Dijonsenf
2 EL Sherryessig
Salz
6 EL Olivenöl extra vergine
frisch gemahlener schwarzer Pfeffer

Den Backofen auf 180 °C Ober-/Unterhitze vorheizen.

Den Knoblauch schälen, halbieren und das Brot damit einreiben. Mit etwas Öl beträufeln. Das Brot in 2 cm große Würfel schneiden. Ein Backblech mit Backpapier auslegen und das Brot 7–10 Minuten im Backofen knusprig und goldbraun rösten, zwischendurch einmal wenden. Herausnehmen und die Croûtons abkühlen lassen.

Für die Vinaigrette in der Zwischenzeit Senf, Essig und eine Prise Salz mit der Gabel verquirlen. Unter Rühren das Öl in feinem Strahl hinzufügen und alles zu einer glatten Vinaigrette verrühren. Mit Salz und Pfeffer würzen. Soll die Vinaigrette etwas dünnflüssiger werden, noch einige Tropfen Wasser unterrühren.

In einer Pfanne einige Spritzer Öl erhitzen und die Mandeln darin bei mittlerer Temperatur goldbraun rösten. Herausnehmen und auf einem Teller abkühlen lassen.

In einem kleinen Topf Wasser zum Kochen bringen und den Essig hinzufügen. Die Temperatur reduzieren, damit das Wasser nicht mehr kocht. Vorsichtig 1 Ei in das heiße Wasser aufschlagen und 3 Minuten pochieren. Mit einem Schaumlöffel aus dem Topf heben und auf Küchenpapier abtropfen lassen. Mit dem zweiten Ei ebenso verfahren.

Den Friséesalat in grobe Stücke schneiden und in einer Schüssel mit den Mandeln und der Vinaigrette mischen. Den Salat auf Teller verteilen und mit den Mojama-Scheiben belegen. Die Eier darauf anrichten und mit einer Gabel einstechen, damit das Eigelb ein wenig ausläuft. Mit den Croûtons garnieren und sofort servieren.

ENERGIE 4070 KJ / 980 KCAL — FETT 80 G — DAVON GESÄTTIGTE FETTSÄUREN 11 G
KOHLENHYDRATE 21 G — DAVON ZUCKER 3 G — EIWEISS 45 G — SALZ 3,9 G

LINSENSALAT MIT GERÄUCHERTEM WILDLACHS UND RUCOLAPESTO

Den Geschmack von echtem Sockeye-Wildlachs lernte ich vor einigen Jahren auf meiner ersten Reise nach Alaska richtig kennen. Sockeye-Lachs frisst gern Krill und Plankton, auf dem Mini-Schalentiere sitzen, die für die tiefrote Farbe beim Lachs sorgen. Von der Struktur her ist er weich, fast cremig. Der perfekte Lachs für einen Linsensalat mit Rucolapesto.

FÜR 2 PERSONEN
ZUBEREITUNGSZEIT 45 MINUTEN

150 g Puy-Linsen
1 Zweig Thymian
6 Stängel Petersilie, Blätter abgezupft und beiseitegelegt, Stängel aufbewahrt
1 Lorbeerblatt
1 EL Olivenöl extra vergine
Salz
150 g grüne und gelbe Bohnen, oder beides, Enden abgeschnitten
1 Artischockenherz (aus dem Glas oder frisch gegart), in Stücke geschnitten
1 Handvoll Rucola
100 g geräucherter Sockeye-Wildlachs, in Stücke geschnitten

FÜR DAS PESTO:
1 Knoblauchzehe
Meersalz
50 g Rucola
30 g Pinienkerne
30 g Parmesan
75 ml Olivenöl extra vergine
Zitronensaft (nach Belieben)

In einem Topf Wasser ohne Salz bei mittlerer Temperatur erhitzen und Linsen, Thymian, Petersilienstängel und Lorbeer hinzufügen. Aufkochen, die Temperatur wieder reduzieren und die Linsen in etwa 20 Minuten bissfest garen. In ein Sieb abseihen, die Kräuter entfernen und die Linsen mit dem Öl mischen. Lauwarm abkühlen lassen.

Für das Pesto den Knoblauch mit einer Prise Meersalz in der Küchenmaschine zu einer groben Paste verarbeiten. Rucola, Pinienkerne und Käse hinzufügen und alles nochmals grob pürieren. Das Öl im feinen Strahl hinzugießen, bis das Pesto schön dicksämig ist. Eventuell mit einigen Tropfen Zitronensaft abschmecken. Das Pesto beiseitestellen.

In einem Topf Wasser mit einer Prise Salz aufkochen. Die Bohnen in 5–7 Minuten bissfest garen, abseihen und unter fließendem kaltem Wasser abspülen.

Die Linsen mit Bohnen und Artischockenstücken mischen, 2 EL Pesto hinzufügen und alles mit den Händen mischen. Rucola, Räucherlachs und die beiseitegelegten Petersilienblätter unterheben, dabei etwas für die Garnitur aufbewahren. Den Salat in einer Schale anrichten, mit der übrigen Petersilie bestreuen und das restliche Pesto dazu servieren.

ENERGIE 3770 KJ / 910 KCAL — FETT 61 G — DAVON GESÄTTIGTE FETTSÄUREN 11 G
KOHLENHYDRATE 40 G — DAVON ZUCKER 2 G — EIWEISS 40 G — SALZ 2,3 G

WASSERMELONENSALAT MIT KREBS UND ESTRAGONJOGHURT

Ein herrlicher Sommersalat mit Gemüse und Frucht. Die Wassermelone kommt ganz kurz auf den Grill. Das süßliche Krebsfleisch harmoniert wunderbar mit der süßen Wassermelone. Und dazu als feiner Kontrast der säuerliche Granny Smith und der Estragonjoghurt.

FÜR 2 PERSONEN
ZUBEREITUNGSZEIT 20 MINUTEN

½ kleine Wassermelone, in Scheiben geschnitten
Olivenöl zum Braten
1 Mairübe
1 Karotte
1 Apfel (Granny Smith)
160 g Krebsfleisch
40 g Feldsalat
1 EL grob gehackte Pistazienkerne
frisch gemahlener schwarzer Pfeffer
Olivenöl extra vergine

FÜR DEN ESTRAGONJOGHURT:
60 g griechischer Joghurt
1–2 EL Olivenöl extra vergine
6 Stängel Estragon, Blätter fein gehackt
Saft von ½ Zitrone
Salz und frisch gemahlener schwarzer Pfeffer

Für den Estragonjoghurt den Joghurt mit Öl und Estragon verrühren. Mit Zitronensaft abschmecken und mit Salz und Pfeffer würzen. Beiseitestellen.

Die Wassermelonenscheiben mit etwas Öl einpinseln.

Eine Grillpfanne stark erhitzen. Die Wassermelonenscheiben darin 4–5 Minuten von jeder Seite braten, bis sich ein Grillmuster zeigt. Aus der Pfanne nehmen und in Kuchenecken schneiden.

Mairübe und Karotte mit dem Gemüsehobel (alternativ einen Käsehobel oder Sparschäler verwenden) in dünne Scheiben schneiden. Vom Apfel das Kerngehäuse entfernen und das Fruchtfleisch ebenfalls in dünne Scheiben schneiden.

Die Wassermelone mit Mairübe, Karotte und Apfel auf zwei Tellern anrichten. Das Krebsfleisch und den Feldsalat darauf arrangieren und mit den Pistazien bestreuen. Mit Pfeffer übermahlen und mit Olivenöl extra vergine beträufeln.

Den Estragonjoghurt zum Salat servieren.

ENERGIE 1880 KJ / 450 KCAL — FETT 26 G — DAVON GESÄTTIGTE FETTSÄUREN 5 G
KOHLENHYDRATE 32 G — DAVON ZUCKER 24 G — EIWEISS 19 G — SALZ 0,9 G

ROMANASALAT MIT SARDELLEN UND TONNATO-DRESSING

Ein Caesar Salad mit einem Dressing vom Vitello tonnato. Hauchdünne geröstete Brotscheiben und Pistazienkerne sorgen für den nötigen Crunch.

FÜR 2 PERSONEN
ZUBEREITUNGSZEIT 25 MINUTEN

10 Scheiben Baguette, hauchdünn geschnitten
8 grüne Spargelspitzen
Salz
½ Romanasalat, Blätter abgetrennt und grob geschnitten
8 Sardellenfilets (aus dem Glas oder aus der Dose)
1 EL gehackte Pistazienkerne
20 g Parmesan, grob gehobelt

FÜR DAS DRESSING:
1 Dose Thunfisch in Wasser (Abtropfgewicht 100 g)
2 Sardellenfilets (aus dem Glas oder aus der Dose)
3 EL Mayonnaise
1 TL Balsamicoessig
2 Stängel Petersilie, Blätter abgezupft
1 EL Kapern (aus dem Glas)
Saft von ½ Zitrone
Salz und frisch gemahlener schwarzer Pfeffer

TIPP — Reste vom Dressing halten sich in einem verschließbaren Behälter einige Tage im Kühlschrank.

Den Backofen auf 180 °C Ober-/Unterhitze vorheizen.

Die Brotscheiben auf den Rost legen und im Backofen in 3–5 Minuten goldbraun rösten.

Die Spargelspitzen 2–3 Minuten in einem Topf mit kochendem Wasser und einer Prise Salz blanchieren. In einem Sieb unter fließendem kaltem Wasser abspülen und abtropfen lassen.

Für das Dressing Thunfisch, Sardellen, Mayonnaise, Balsamicoessig, Petersilie und Kapern mit dem Stabmixer pürieren. Mit Zitronensaft und Pfeffer abschmecken und eventuell noch mit Salz würzen. Aber Vorsicht: Die Sardellenfilets sind schon salzig genug.

In einer Schüssel Romanasalat und Spargelspitzen mit dem Dressing mischen. Dann auf zwei Teller verteilen und mit Sardellen und geröstetem Baguette garnieren. Mit Pistazien und Parmesan bestreuen.

ENERGIE 1905 KJ / 455 KCAL — FETT 30 G — DAVON GESÄTTIGTE FETTSÄUREN 4 G
KOHLENHYDRATE 15 G — DAVON ZUCKER 5 G — EIWEISS 29 G — SALZ 6,2 G

SALAT MIT HERING UND ZATAR-JOGHURT

Saurer Hering, Silberzwiebeln, Gewürzgurke und Kartoffeln: die Grundlage für einen klassischen holländischen Kartoffel-Hering-Salat. Pikant wird der Salat durch eine kräftige Prise Zatar im Dressing. Diese Gewürzmischung wird in der orientalischen Küche viel verwendet.

FÜR 2 PERSONEN
ZUBEREITUNGSZEIT 30 MINUTEN

400 g kleine festkochende Kartoffeln, geschält
Salz
1 Stück Kohlrabi (60 g)
Saft von ½ Limette
2 EL Silberzwiebeln
4 süßsauer eingelegte Gewürzgurken, längs in Scheiben geschnitten
4 saure Heringe (aus dem Glas), in 2 cm große Stücke geschnitten
1 EL Mayonnaise
2 EL Naturjoghurt
2 TL Zatar, plus etwas mehr für die Garnitur
2 Stängel Kerbel, Blätter abgezupft
frisch gemahlener schwarzer Pfeffer

In einem Topf mit kaltem Wasser und einer Prise Salz die Kartoffeln zum Kochen bringen. Die Kartoffeln in 15–20 Minuten weich garen, abseihen und abkühlen lassen. Anschließend in mundgerechte Stücke schneiden.

Den Kohlrabi schälen und in dünne Scheiben schneiden. Mit dem Limettensaft mischen und 5 Minuten ziehen lassen.

In einer Schüssel Silberzwiebeln, Gewürzgurken, Hering und Kohlrabi mit den Kartoffeln vermengen.

In einer zweiten Schüssel die Mayonnaise mit Joghurt und Zatar verrühren und das Dressing über den Salat geben. Mit Kerbel garnieren und mit Zatar und Pfeffer bestreuen.

ENERGIE 2400 KJ / 575 KCAL — FETT 33 G — DAVON GESÄTTIGTE FETTSÄUREN 8 G
KOHLENHYDRATE 39 G — DAVON ZUCKER 5 G — EIWEISS 29 G — SALZ 3,7 G

THAI-SALAT MIT *SPICY CALAMARES*

Ich liebe die Aromen Thailands. Die Stärke dieses scharfen Salats mit Tintenfisch steckt im Dressing und im knackigen Gemüse.

FÜR 2 PERSONEN
MARINIERZEIT 30 MINUTEN
ZUBEREITUNGSZEIT 25 MINUTEN

1 Knoblauchzehe, grob gehackt
1 Stück Ingwer (2 cm), geschält und grob gehackt
1 TL Chilipulver
Salz
2 EL Rapsöl
6 mittelgroße küchenfertige Kalmare, Tentakel aufbewahrt
½ Salatgurke, entkernt und in dünne Bänder geschnitten
¼ Spitzkohl, fein gehobelt
1 rote Zwiebel, in Ringe geschnitten
2 Frühlingszwiebeln, in Ringe geschnitten
1 rote Paprikaschote, Samen entfernt, fein gehackt
1 EL grob gehackte Erdnusskerne
4 Stängel Koriander, Blätter abgezupft

FÜR DAS DRESSING:
½ Knoblauchzehe, fein gehackt
½ rote Chilischote, Samen entfernt, fein gehackt
1 EL mildes Olivenöl
Saft von 1 Limette
1 ½ EL Fischsauce
2 TL (Palm-)Zucker

Für das Dressing in einer Schüssel alle Zutaten mit dem Schneebesen verquirlen. Kontrollieren, ob im Dressing Säure und Süße gut ausgewogen sind, und eventuell noch etwas Zitronensaft oder Zucker hinzufügen.

Im Mörser Knoblauch, Ingwer, Chili und eine Prise Salz zu einer glatten Paste verarbeiten. Das Öl unterrühren. In einer Schüssel die Kalmare und die Tentakel mit der Paste vermengen und abgedeckt im Kühlschrank 30 Minuten marinieren.

In einer Schüssel Gurke, Spitzkohl, Zwiebel, Frühlingszwiebeln und Paprika mischen und bis zur weiteren Verwendung in den Kühlschrank stellen.

Die Tintenfische aus der Marinade nehmen und 5 Minuten auf Zimmertemperatur kommen lassen.

Eine Pfanne stark erhitzen und die Kalmare 2–3 Minuten (eventuell portionsweise) anbraten, dabei nach der Hälfte der Zeit wenden und die Tentakel dazulegen. Die Tintenfische aus der Pfanne heben. Die Tuben in 1 cm dicke Ringe schneiden und lauwarm abkühlen lassen.

Den Tintenfisch, die Tentakel und das Dressing mit dem Gemüse mischen und den Salat auf Tellern anrichten. Mit Erdnüssen bestreuen und mit Korianderblättern garnieren.

ENERGIE 2700 KJ / 645 KCAL — FETT 42 G — DAVON GESÄTTIGTE FETTSÄUREN 6 G
KOHLENHYDRATE 20 G — DAVON ZUCKER 14 G — EIWEISS 45 G — SALZ 1,9 G

KARTOFFELSALAT MIT STIELMUS UND WARMGERÄUCHERTEM LACHS

Das Räuchern von Fisch hat nicht nur eine konservierende Wirkung, sondern gibt dem Fisch auch einen einzigartigen Geschmack, der vor allem in Salaten gut kombiniert werden kann. Sie haben nur wenig Zeit? Dieser Kartoffelsalat mit Stielmus ist im Handumdrehen zubereitet.

FÜR 2 PERSONEN
ZUBEREITUNGSZEIT 30 MINUTEN

300 g kleine festkochende Kartoffeln
Salz
abgeriebene Schale und Saft von ½ unbehandelten Zitrone
1 EL Rotweinessig
3 EL Olivenöl extra vergine
frisch gemahlener schwarzer Pfeffer
70 g Stielmus
1 Frühlingszwiebel, in Ringe geschnitten
1 EL Kapern (aus dem Glas)
1 EL Schnittlauchröllchen
4 Stängel Dill, Blätter grob gehackt
150 g warmgeräucherter Lachs ohne Haut, in grobe Stücke zerteilt

TIPP — Den Räucherlachs 30 Minuten vor der Verwendung aus dem Kühlschrank nehmen.

Die Kartoffeln gründlich säubern und in einem Topf mit kaltem Wasser mit einer Prise Salz zum Kochen bringen. Die Kartoffeln in 15–20 Minuten weich garen. Abseihen und halbieren (nicht schälen). In einer Schüssel lauwarm abkühlen lassen, dann Zitronenabrieb, Zitronensaft, Essig und Öl hinzufügen. Mit Salz und Pfeffer würzen.

Stielmus, Frühlingszwiebel, Kapern, Schnittlauch und Dill unter die Kartoffeln mischen. Zum Schluss vorsichtig den Räucherlachs unterheben.

Den Salat auf zwei Tellern oder in einer Schale anrichten.

ENERGIE 1695 KJ / 405 KCAL — FETT 24 G — DAVON GESÄTTIGTE FETTSÄUREN 4 G
KOHLENHYDRATE 25 G — DAVON ZUCKER 2 G — EIWEISS 20 G — SALZ 3,1 G

BIRNEN-FEIGEN-SALAT MIT KABELJAULEBER UND ORANGENDRESSING

Ich liebe den Geschmack von *foie gras*. Aber seitdem ich weiß, wie schlecht die Lebensumstände bei der Aufzucht von Enten und Gänsen sind, esse ich sie nicht mehr. Kabeljauleber ist eine köstliche Alternative. Die Leber des Kabeljaus hat ein vergleichbares intensives, gehaltvolles und fettes Geschmackserlebnis. Und den Gänsen und Enten tun wir damit einen großen Gefallen.

FÜR 2 PERSONEN
ZUBEREITUNGSZEIT 25 MINUTEN

1 Birne, Kerngehäuse entfernt, in dünne Scheiben geschnitten
3 Feigen, geviertelt
10 rote Weintrauben, halbiert
50 g Rote-Bete-Blätter
1 Dose Kabeljauleber, abgetropft und in grobe Stücke geschnitten
2 EL grob gehackte Walnusskerne
Meersalzflocken (z. B. Maldon oder Fleur de Sel)

FÜR DAS DRESSING:
abgeriebene Schale von ½ und Saft von 2 unbehandelten Orangen, gesiebt
Saft von 1 Limette
1–2 EL Sesamöl
2 TL rosa Pfefferkörner, zerdrückt
Salz

Für das Dressing den Orangensaft in einen Topf gießen, aufkochen und bei einer Temperatur knapp unter dem Siedepunkt auf die Hälfte einkochen lassen. Den Topf vom Herd nehmen und den Saft gut abkühlen lassen. Dann den Orangensaft mit Limettensaft und Öl verrühren. Zerdrückte Pfefferkörner, Orangenabrieb und eine Prise Salz untermischen. Das Dressing bis zum Servieren in den Kühlschrank stellen.

Die Birne mit Feigen, Weintrauben und Rote-Bete-Blättern auf Tellern anrichten. Die Kabeljauleber auflegen und das Dressing darüberträufeln. Zum Schluss mit Walnüssen und Meersalzflocken bestreuen.

ENERGIE 2465 KJ / 590 KCAL — FETT 48 G — DAVON GESÄTTIGTE FETTSÄUREN 10 G
KOHLENHYDRATE 31 G — DAVON ZUCKER 28 G — EIWEISS 7 G — SALZ 0,7 G

BRUNCH

Offiziell bezeichnet Brunch eine Kombination aus Frühstück und Mittagessen. Aber Sie sollten das nicht allzu genau nehmen. In diesem Kapitel habe ich kleine Gerichte zusammengestellt, die den ganzen Tag gegessen werden können, aber auch auf einer Festtafel ihren Platz finden. Die Gerichte sind allesamt köstlich und ideal zum Teilen.

WEISSE BOHNEN MIT SELLERIE, KAROTTE UND OKTOPUS

Der Krake, häufig auch Oktopus genannt, hat eine schmackhafte fleischige Struktur. Der Trick besteht darin, ihn langsam bei geringer Temperatur zu garen. Ich koche ihn in einer Kräuterbrühe mit Lorbeer und Pfefferkörnern und lasse ihn anschließend noch mindestens 30 Minuten in der Brühe ziehen.

FÜR 2 PERSONEN
GARZEIT OKTOPUS 60 MINUTEN
ZUBEREITUNGSZEIT 25 MINUTEN

1 Oktopus à 1 kg
10 schwarze Pfefferkörner
1 Lorbeerblatt
Salz
200 g kleine festkochende Kartoffeln, geschält
100 g Weiße Bohnen (aus dem Glas), abgespült
½ Chilischote, Samen entfernt, in Ringe geschnitten
½ Stange Sellerie, Enden abgetrennt, in dünne Scheiben geschnitten
1 Karotte, geschält und in Scheiben geschnitten
6 Kirschtomaten, geviertelt
10 schwarze Oliven ohne Stein (Kalamata oder Taggiasca)
4 Zweige Thymian, Blätter abgestreift
2 Stängel Petersilie, Blätter fein gehackt
2 EL Olivenöl extra vergine
frisch gemahlener schwarzer Pfeffer

In einem Topf mit reichlich Wasser den Oktopus mit Pfefferkörnern, Lorbeer und etwas Salz aufkochen und dann bei aufgesetztem Deckel 30 Minuten leicht köcheln lassen. Den Herd ausschalten und den Oktopus noch 30 Minuten im Wasser ziehen lassen. Anschließend herausnehmen und die Tentakel abschneiden. Für dieses Rezept für zwei Personen etwa 200 g Tentakel, in Stücke geschnitten, verwenden. Der Körper und die übrigen Tentakel können gut eingefroren werden.

Die Kartoffeln mit etwas Salz bei mittlerer Temperatur in 15–20 Minuten weich garen. Abseihen, abkühlen lassen und in grobe Stücke schneiden.

In einer Schüssel vorsichtig Oktopus, Kartoffeln, Bohnen, Chili, Sellerie, Karotte, Tomaten, Oliven, Thymian und Petersilie mit dem Öl vermengen. Mit Salz und Pfeffer würzen.

Den Salat auf zwei Tellern anrichten oder in einer großen Schale servieren.

ENERGIE 1680 KJ / 400 KCAL — FETT 15 G — DAVON GESÄTTIGTE FETTSÄUREN 2 G
KOHLENHYDRATE 34 G — DAVON ZUCKER 6 G — EIWEISS 26 G — SALZ 1,3 G

SPINATPFANNKUCHEN MIT FRISCHKÄSE, AVOCADO UND RÄUCHERLACHS

Es ist manchmal gar nicht so einfach, immer darauf zu achten, dass Kinder ausreichend Gemüse essen, das weiß ich aus eigener Erfahrung. Diese Pfannkuchen mit Spinat bereite ich gemeinsam mit meinen jüngsten Kindern Juul und Ties zu. Immer ein voller Erfolg! Sie können übrigens in den Pfannkuchen auch anderes Blattgemüse ganz prima »verstecken«.

FÜR 2 PERSONEN
ZUBEREITUNGSZEIT 20 MINUTEN

FÜR DIE PFANNKUCHEN:
100 g Blattspinat
250 ml Milch
1 Ei
120 g Weizenmehl Type 405
Salz
25 g Butter zum Braten

FÜR DEN BELAG:
1 rote Zwiebel, in Ringe geschnitten
Saft von 1 Limette
2 Eier
100 g Frischkäse
1 Avocado, Fruchtfleisch gewürfelt
150 g geräucherter Sockeye-Wildlachs
6 Kirschtomaten, geviertelt
1 Handvoll Rucola
3 Stängel Dill, Blätter grob gehackt
Olivenöl extra vergine
frisch gemahlener schwarzer Pfeffer

Für die Pfannkuchen mit einem Stabmixer Spinat und Milch pürieren. Zuerst das Ei und dann das Mehl unterrühren. Mit einer Prise Salz würzen und alles glatt rühren. Den Teig beiseitestellen.

Für den Belag in einer Schüssel die Zwiebel mit dem Limettensaft mischen, in ein Sieb geben und mindestens 10 Minuten abtropfen lassen.

In einem Topf reichlich Wasser zum Kochen bringen und die Eier in 8 Minuten hart kochen. Unter fließendem kaltem Wasser abschrecken, pellen und mit der Rückseite eines Löffels in einem Sieb krümelig zerdrücken. Beiseitestellen.

In einer Pfanne die Hälfte der Butter bei mittlerer Temperatur zerlassen und auf dem Pfannenboden verteilen. Die Hälfte des Pfannkuchenteigs darin 2–3 Minuten backen, sodass die Unterseite goldbraun wird. Dabei nach der Hälfte der Backzeit einen Deckel auf die Pfanne legen, damit auch die Oberseite gar wird. Auf diese Weise einen zweiten Pfannkuchen zubereiten.

Die Pfannkuchen mit dem Frischkäse bestreichen und die Avocado darauf verteilen. Mit den Lachsscheiben und den Tomatenvierteln belegen. Mit marinierter Zwiebel, Rucolablättern und Dill garnieren. Mit wenig Öl beträufeln und zum Schluss mit den Eibröseln und etwas Pfeffer bestreuen.

ENERGIE 4410 KJ / 1060 KCAL — FETT 67 G — DAVON GESÄTTIGTE FETTSÄUREN 26 G
KOHLENHYDRATE 69 G — DAVON ZUCKER 15 G — EIWEISS 48 G — SALZ 3,8 G

BRUSCHETTA MIT GRILLGEMÜSE UND KABELJAUBUTTER

Ich bin ein großer Verfechter des Verzehrs des (fast) kompletten Fisches, also nicht nur der bekannten Teile wie das Fischfilet. Wie wäre es einmal mit den Wangen oder, wie in diesem Gericht, mit der Leber?

FÜR 2 PERSONEN
ZUBEREITUNGSZEIT 20 MINUTEN

1 Baguette, längs halbiert
½ Zucchini, in ½ cm breite Stifte geschnitten
½ Aubergine, in ½ cm breite Stifte geschnitten
1 Paprikaschote, Samen entfernt und in ½ cm breite Streifen geschnitten
Salz und frisch gemahlener schwarzer Pfeffer
3 Zweige Thymian, Blätter abgestreift
Olivenöl extra vergine
1 Spritzer Balsamicoessig
2 Stängel Basilikum, Blätter abgezupft

FÜR DIE KABELJAUBUTTER:
50 g Kabeljauleber (aus der Dose)
50 g Butter, gewürfelt und bei Zimmertemperatur weich geworden
2 TL Cognac
Salz und frisch gemahlener weißer Pfeffer

Den Backofen auf 180 °C Ober-/Unterhitze vorheizen.

Die Baguettehälften auf den Rost des Backofens legen und in 5–7 Minuten knusprig und goldbraun rösten. Herausnehmen und abkühlen lassen. (Die Backofentür schließen, damit die Restwärme erhalten bleibt.)

Für die Kabeljaubutter die Fischleber mit der Rückseite eines Löffels durch ein feines Sieb drücken, sodass eine Art Mousse entsteht. Die Mousse mit der weichen Butter und dem Cognac zu einer glatten Masse vermengen. Mit Salz und weißem Pfeffer würzen. Die Buttermasse in einem Stück Frischhaltefolie zu einer festen Rolle wickeln. Mindestens 30 Minuten im Kühlschrank fest werden lassen.

In der Zwischenzeit ein Backblech mit Backpapier auslegen und den Backofen erneut auf 180 °C Ober-/Unterhitze vorheizen. Zucchini, Aubergine und Paprika auf dem Blech verteilen. Mit Salz und schwarzem Pfeffer sowie Thymian bestreuen und mit etwas Öl beträufeln. Das Gemüse etwa 25 Minuten im Backofen goldbraun rösten.

Das Gemüse herausnehmen und abkühlen lassen. (Die Backofentür wieder schließen, damit die Restwärme erhalten bleibt.) Mit einigen Tropfen Öl mischen und mit Salz und Pfeffer abschmecken.

Die gerösteten Baguettehälften mit dem Grillgemüse belegen und mit etwas Balsamicoessig beträufeln. Die Kabeljaubutter auf dem Gemüse verteilen und die Bruschetta nochmals für 2 Minuten in den noch warmen Backofen geben. Mit Basilikumblättern garnieren und zusätzlich mit Balsamicoessig beträufeln.

TIPP — Sollte das Gemüse noch warm genug sein, kann die Butter auch außerhalb des Backofens auf dem Gemüse schmelzen.

ENERGIE 3565 KJ / 850 KCAL — FETT 45 G — DAVON GESÄTTIGTE FETTSÄUREN 17 G
KOHLENHYDRATE 89 G — DAVON ZUCKER 13 G — EIWEISS 19 G — SALZ 2 G

GERÖSTETE ZUCCHINIBÄNDER MIT RÄUCHERSPROTTEN

Die dünn geschnittenen Zucchinibänder werden auf dem Grill kurz geröstet und mit Essig und Öl abgeschmeckt. Die Räuchersprotte kommt als Topping auf das Gemüse. Die kleinen Fettfische sorgen in diesem raffinierten Gericht für ein schönes rauchiges Aroma.

FÜR 2 PERSONEN
ZUBEREITUNGSZEIT 20 MINUTEN

2 Zucchini, grün oder gelb, oder beides
4 EL Olivenöl extra vergine
Salz und frisch gemahlener schwarzer Pfeffer
1 EL Sonnenblumenkerne
1 EL Kürbiskerne
2 EL Rotweinessig
120 g Räuchersprotten

TIPP — Die Sprotten, wie auf Seite 243 (kleinen Rundfisch filetieren) beschrieben, filetieren.

Die Zucchini mit dem Gemüsehobel in lange Bänder schneiden und in einer Schüssel mit 2 EL Öl mischen. Mit Salz und Pfeffer würzen.

In einer trockenen Pfanne ohne Fett die Sonnenblumen- und Kürbiskerne goldbraun rösten. Die Kerne aus der Pfanne nehmen und beiseitestellen.

Eine Grillpfanne auf mittlere Temperatur erhitzen und die Zucchinibänder 1–2 Minuten von beiden Seiten darin braten. Sobald sie ausreichend angebraten sind, vom Herd nehmen und das restliche Öl (2 EL) und den Essig untermischen. Mit Salz und Pfeffer würzen.

Die Zucchini in einer Schale anrichten und mit den gerösteten Sonnenblumen- und Kürbiskernen bestreuen. Mit den geräucherten Sprotten servieren.

ENERGIE 1965 KJ / 470 KCAL — FETT 37 G — DAVON GESÄTTIGTE FETTSÄUREN 7 G
KOHLENHYDRATE 14 G — DAVON ZUCKER 13 G — EIWEISS 21 G — SALZ 2,5 G

FOCACCIA
MIT SARDELLEN

Focaccia ist das ideale Brunchgericht. Ich belege sie gern mit Sardellen, Kapern und Kirschtomaten. Doch egal, wie sie belegt ist, eine Focaccia isst jeder gern. Bereiten Sie die Focaccia auf jeden Fall mit viel Gemüse zu.

FÜR 2 PERSONEN
AUFGEHZEIT 80 MINUTEN
ZUBEREITUNGSZEIT 15 MINUTEN

500 g Weizenmehl Type 405
½ TL Salz
1 Päckchen Trockenhefe
6 EL mildes Olivenöl
3 EL schwarze Oliven ohne Stein (Kalamata oder Taggiasca)
2 EL Kapern aus dem Glas
20–30 g Sardellen aus der Dose (Abtropfgewicht)
10–12 Kirschtomaten, halbiert
1 EL getrockneter Oregano
Meersalzflocken (z. B. Maldon oder Fleur de Sel)

In einer Schüssel das Mehl mit Salz und Trockenhefe mischen und 2 EL Öl unterrühren, sodass die Masse leicht krümelig wird. Noch 300 ml lauwarmes Wasser hinzugießen und alles zu einem glatten Teig verkneten.

Den Teig in eine Schüssel legen, mit Frischhaltefolie abdecken und 1 Stunde bei Zimmertemperatur gehen lassen.

Ein Backblech mit Backpapier auslegen. Den Teig ausrollen und auf das Backblech legen. Nochmals 20 Minuten gehen lassen.

Den Backofen auf 220 °C Ober-/Unterhitze vorheizen.

Oliven, Kapern und Sardellen leicht in den Teig drücken. Die Tomaten darauf verteilen und die Focaccia mit Oregano bestreuen. Mit dem restlichen Öl (4 EL) beträufeln und mit Meersalz würzen.

Im vorgeheizten Backofen die Focaccia 10–12 Minuten backen, bis sie schön goldbraun ist. Herausnehmen und in zwei Portionen teilen.

ENERGIE 5270 KJ / 1255 KCAL — FETT 38 G — DAVON GESÄTTIGTE FETTSÄUREN 6 G
KOHLENHYDRATE 183 G — DAVON ZUCKER 8 G — EIWEISS 37 G — SALZ 3,5 G

GROBE CRIOLLA MIT MIESMUSCHELN

Criolla ist eine Beilage aus Lateinamerika, unter anderem mit fein geschnittener roter Zwiebel, Tomaten und Chilischote. Das Gemüse für dieses Gericht schneide ich in grobe Stücke, sodass man eine Art Salat hat. Das Süß-Salzige der Miesmuscheln ist besonders köstlich in Kombination mit dem knackigen, säuerlichen Gemüse.

FÜR 2 PERSONEN
ZUBEREITUNGSZEIT 25 MINUTEN

500 g Miesmuscheln
1 EL Öl zum Braten
1 Knoblauchzehe, in dünne Scheiben geschnitten
1 Stange Sellerie, in Scheiben geschnitten
frisch gemahlener schwarzer Pfeffer
1 rote Zwiebel, in dünne Ringe geschnitten
1 EL Olivenöl extra vergine, mehr zum Beträufeln (nach Belieben)
abgeriebene Schale und Saft von 1 unbehandelten Limette
4 Stängel Koriander, Blätter fein gehackt, plus etwas mehr für die Garnitur
3 Tomaten, Samen entfernt, in 2 cm breite Spalten geschnitten
1 Amarillo-Chilischote (oder rote Chilischote), Samen entfernt, fein gehackt
2 EL Maiskörner (selbst gegart oder aus der Dose)
Salz

Die Miesmuscheln unter fließendem kaltem Wasser gründlich abspülen und die geöffneten Exemplare wegwerfen. In einem Topf das Öl auf mittlere Temperatur erhitzen und Knoblauch und Sellerie darin anschwitzen. Mit Pfeffer würzen. Die Miesmuscheln hinzufügen, die Temperatur erhöhen und den Deckel auflegen. Die Muscheln 3–5 Minuten garen lassen, dabei zwischendurch den Topf kräftig schütteln. Die Miesmuscheln aus dem Topf nehmen, sobald sie sich geöffnet haben, und abkühlen lassen. Das Muschelfleisch aus den Schalen lösen und beiseitestellen. Nicht geöffnete Muscheln entsorgen.

Die Zwiebelringe 10 Minuten in Eiswasser legen. Dann in einem Sieb abtropfen lassen und mit Küchenpapier trocken tupfen. In einer Servierschale die Zwiebelringe mit Olivenöl, Limettensaft und Korianderblättern mischen. Tomaten, Chilischote und Mais hinzufügen und untermischen.

Die Miesmuscheln unter das Gemüse heben und mit Salz und Pfeffer würzen. Mit der Limettenschale bestreuen, nach Belieben mit etwas Olivenöl beträufeln und zum Schluss mit den Korianderblättern garnieren.

ENERGIE 905 KJ / 215 KCAL — FETT 12 G — DAVON GESÄTTIGTE FETTSÄUREN 2 G
KOHLENHYDRATE 14 G — DAVON ZUCKER 6 G — EIWEISS 11 G — SALZ 0,6 G

GRÜNKOHL
MIT HASELNÜSSEN, KOKOS UND THUNFISCH

Auf den Malediven wird Thunfisch mit der Angel nachhaltig gefangen. Ich besuche immer wieder das Laamu-Atoll. Dort esse ich dann dieses einfache, aber superköstliche Gericht: ein Pitabrot mit Thunfisch und Kokos, Haselnüssen und einem lokal angebauten Kohl. Diesen Kohl ersetze ich hier durch unseren eigenen Grünkohl.

FÜR 2 PERSONEN
ZUBEREITUNGSZEIT 15 MINUTEN

100 g Grünkohl, fein geschnitten
1 weiße Zwiebel, fein gehackt
2 Jalapeño-Chilischoten, Samen entfernt, fein gehackt
abgeriebene Schale und Saft von 1 unbehandelten Limette
½ TL Salz
100 g frische Kokosraspel (oder 60 g getrocknete Raspel, mit 1 EL Kokosmilch gemischt)
1 Dose Thunfisch in Wasser (Abtropfgewicht 100 g), abgetropft
1 EL grob gehackte Haselnusskerne
2 Pitabrote

In einer Schale mit den Händen Grünkohl, Zwiebel, Jalapeño-Chilis, Limettensaft und Salz verkneten.

Kokosraspel und Thunfisch untermischen.

Mit den gehackten Haselnüssen und dem Limettenabrieb bestreuen und mit den Pitabroten servieren.

TIPP — Beim Kneten des Grünkohlsalats wegen der Schärfe der Chilischoten feine Plastikhandschuhe tragen.

ENERGIE 2000 KJ / 475 KCAL — FETT 28 G — DAVON GESÄTTIGTE FETTSÄUREN 21 G
KOHLENHYDRATE 32 G — DAVON ZUCKER 7 G — EIWEISS 23 G — SALZ 1,6 G

GEFÜLLTE ZUCCHINIBLÜTEN MIT SAFRANDRESSING

Wir essen in den Niederlanden häufig Zucchini, doch die Blüten der Zucchini sind weitaus weniger bekannt. Und das ist schade, denn sie sind absolut köstlich und sehen hübsch aus. In diesem Ofengericht füllen wir die Blüten mit Flusskrebsen und Blumenkohl. Experimentieren Sie nach Lust und Laune mit anderen Zutaten.

FÜR 2 PERSONEN
ZUBEREITUNGSZEIT 40 MINUTEN

200 g Blumenkohlröschen
Salz
150 g Flusskrebse, geschält und gegart
70 g Ricotta
¼ TL geriebene Muskatnuss
½ TL geräuchertes Paprikapulver
1 EL Olivenöl extra vergine, plus etwas mehr für die Form
frisch gemahlener schwarzer Pfeffer
6 Zucchiniblüten
½ EL Semmelbrösel
1 EL grob gehackte Haselnusskerne

FÜR DAS SAFRAN-ORANGEN-DRESSING:
2 EL Sherryessig
1 EL Weißwein
10–12 Safranfäden
½ TL brauner Zucker
abgeriebene Schale von ¼ und Saft von ½ unbehandelten Orange
Saft von ½ Zitrone
100 ml Olivenöl extra vergine
Salz und frisch gemahlener schwarzer Pfeffer

TIPP — Dressingreste in einem Schraubglas im Kühlschrank aufbewahren.

Den Backofen auf 190 °C Ober-/Unterhitze vorheizen.

Für das Dressing Essig und Wein verrühren und die Safranfäden 10 Minuten darin einweichen. Dann in einem Topf zusammen mit Zucker und Orangenabrieb bei mittlerer Temperatur erhitzen und umrühren, bis sich der Zucker aufgelöst hat. Die Flüssigkeit in einer Schüssel abkühlen lassen.

Den Orangensaft in einem Topf bei geringer Temperatur auf die Hälfte einkochen. In einer Schüssel abkühlen lassen.

Mit dem Schneebesen die Safranmischung mit Orangensaft, Zitronensaft und Öl verquirlen. Mit Salz und Pfeffer würzen.

In einem Topf Wasser mit etwas Salz zum Kochen bringen und die Blumenkohlröschen 5 Minuten garen. Abseihen und abkühlen lassen.

Die Flusskrebse und den Blumenkohl fein schneiden. In einer Schüssel mit Ricotta, Muskatnuss, Paprikapulver und Öl mischen. Mit Salz und Pfeffer würzen.

Das untere Stielende der Zucchiniblüten abschneiden. Die Blüte vorsichtig öffnen und dazu die Blütenblätter zur Seite falten. Staubgefäße und Stempel entfernen und die Blüten mit der Flusskrebs-Blumenkohl-Mischung füllen. Die Blütenblätter wieder zurückfalten und mit den Fingern fest zusammendrücken, sodass die Blüten wieder ganz geschlossen sind.

Eine Auflaufform mit etwas Öl einpinseln und die Zucchiniblüten hineinlegen. Mit Semmelbröseln und Haselnüssen bestreuen. Die gefüllten Blüten im vorgeheizten Backofen in 6–8 Minuten hellbraun backen.

Die Zucchiniblüten mit dem Safran-Orangen-Dressing servieren.

ENERGIE 3045 KJ / 735 KCAL — FETT 65 G — DAVON GESÄTTIGTE FETTSÄUREN 11 G
KOHLENHYDRATE 15 G — DAVON ZUCKER 12 G — EIWEISS 20 G — SALZ 1,2 G

SHAKSHUKA
MIT SPINAT UND LACHS

Alle lieben dieses berühmte Gericht aus dem Nahen Osten. Statt der häufig verwendeten Tomaten bereite ich diese Shakshuka mit einer cremigen Sauce von wildem Spinat und Lachs zu. Für etwas Schärfe sorgt das Harissa in der Sauce. Ich habe hier grünes Harissa verwendet, das einen Hauch schärfer ist als das rote.

FÜR 2 PERSONEN
ZUBEREITUNGSZEIT 40 MINUTEN

½ TL Fenchelsamen
½ TL Kreuzkümmelsamen
½ TL geriebene Muskatnuss
2 TL grünes oder rotes Harissa
1 Knoblauchzehe, geschält
400 g wilder Spinat, alternativ Blattspinat; Stiele und Adern entfernt
2 Eier
70 g Sahne
120 g Lachsfilet ohne Haut, in grobe Stücke zerteilt
3 Stängel Dill, Blätter fein gehackt, plus etwas mehr für die Garnitur
Salz und frisch gemahlener schwarzer Pfeffer
40 g Ziegenweichkäse

Im Mörser Fenchel- und Kreuzkümmelsamen fein vermahlen. Mit Muskat mischen.

Eine Pfanne auf mittlere Temperatur erhitzen und das Harissa sowie die Gewürzmischung 1 Minute erwärmen. Die Knoblauchzehe auf eine Gabel stecken und den Spinat in die Pfanne geben. Mit der Gabel den Spinat umrühren, sodass er ein feines Knoblaucharoma bekommt. Falls er zu trocken wird, noch 1 EL Wasser hinzufügen. Die Temperatur reduzieren, wenn der Spinat weich geworden ist.

Die Eier trennen und das Eigelb in einem extra Schälchen aufbewahren, die Dotter sollten nicht auslaufen. Das Eiweiß zur Spinatmischung geben und gründlich unterrühren. Sahne und Lachs ebenfalls gut unterrühren. Die Sahne bei geringer Temperatur in 5–7 Minuten auf die Hälfte einkochen. Den Dill hinzufügen und alles mit Salz und Pfeffer würzen. Den Ziegenkäse darüber zerkrümeln.

In die Mischung zwei Vertiefungen drücken und das Eigelb hineingeben. Bei aufgesetztem Deckel das Eigelb 5–7 Minuten stocken lassen.

Mit Dill garnieren und sofort servieren.

ENERGIE 1075 KJ / 500 KCAL — FETT 36 G — DAVON GESÄTTIGTE FETTSÄUREN 12 G
KOHLENHYDRATE 4 G — DAVON ZUCKER 1 G — EIWEISS 37 G — SALZ 0,9 G

BACKKARTOFFELN MIT GEMÜSE UND FLUSSKREBS

Ich bin verrückt nach Gemüse vom Meer. Meerfenchel ist ein neues Küstengemüse, das online oder über den Großhandel bezogen werden kann und eine wirklich leckere Alternative zu den bekannteren Sorten Queller oder Salzaster ist. Die Garnitur aus Meerfenchel gibt diesen klassischen Backkartoffeln mit Crème fraîche eine wunderbar salzige Note.

FÜR 2 PERSONEN
BACKZEIT DER KARTOFFELN 60 MINUTEN
ZUBEREITUNGSZEIT 15 MINUTEN

4 große (Back-)Kartoffeln mit Schale, gründlich gesäubert
mildes Olivenöl
Salz
8 grüne Spargelspitzen
2 EL Crème fraîche
1 EL Naturjoghurt
abgeriebene Schale und Saft von ¼ unbehandelter Zitrone
1 TL geriebener Meerrettich (frisch oder aus dem Glas)
3 Stängel Dill, Blätter fein gehackt
frisch gemahlener schwarzer Pfeffer
100 g Feldsalat
120 g gegarte Flusskrebsschwänze
1 Frühlingszwiebel, in feine Ringe geschnitten
4 Stängel Meerfenchel (oder Queller oder Salzaster)
2 EL Lachskaviar

Den Backofen auf 220 °C Ober-/Unterhitze vorheizen.

Die Kartoffeln in Aluminiumfolie wickeln, dabei an der Oberseite eine kleine Öffnung lassen. Die Kartoffeln mit etwas Öl beträufeln, mit je einer Prise Salz würzen und 40–60 Minuten im Backofen garen, bis sie weich sind (mit einer Gabel einstechen).

Inzwischen in einem Topf Wasser mit einer kräftigen Prise Salz aufkochen. Den Spargel 2–3 Minuten blanchieren, aus dem Topf heben und unter fließendem kaltem Wasser abkühlen lassen. Beiseitestellen.

Für die Creme Crème fraîche und Joghurt verrühren. Zitronensaft, geriebenen Meerrettich und Dill untermischen. Mit Salz und Pfeffer würzen. Bis zur weiteren Verwendung in den Kühlschrank stellen.

Die Backkartoffeln aus dem Backofen nehmen, die Folie entfernen. Mit dem Löffel eine Öffnung in jede Kartoffel machen und das Innere herauslöffeln (und anderweitig verwenden), bis sich eine kleine »Kuhle« bildet. Etwas Creme hineingeben, den Feldsalat darauf anrichten und Flusskrebs, Frühlingszwiebel und Spargel auflegen. Mit Pfeffer würzen und mit Meerfenchel, Lachskaviar und Zitronenabrieb garnieren. Die restliche Sauce dazu servieren.

ENERGIE 1690 KJ / 405 KCAL — FETT 16 G — DAVON GESÄTTIGTE FETTSÄUREN 5 G
KOHLENHYDRATE 42 G — DAVON ZUCKER 4 G — EIWEISS 19 G — SALZ 1,9 G

SNACKS & SANDWICHES

Zum Gläschen Wein oder Bier, als angenehmer und sättigender Lunch, nach einem schönen Abend außer Haus oder einfach schnell zwischendurch – in diesem Kapitel finden Sie genügend Anregungen für kleine Gerichte. Lassen Sie sich auch hier wieder von den Rezepten inspirieren, seien Sie kreativ und wagen Sie Experimente. Doch vor allem: Verwenden Sie saisonales Gemüse, das gut und köstlich aussieht.

GEMÜSECHIPS MIT FRITTIERTEN GARNELEN UND AÏOLI

Das ist die ideale Genuss-Platte für ein geselliges Beisammensein: hauchdünne frittierte Chips von buntem Gemüse und Garnelen. Die ungeschälten Garnelen werden ebenfalls frittiert. Die selbst gemachte Aïoli schmeckt zu beidem sehr gut.

FÜR 2 PERSONEN
ZUBEREITUNGSZEIT 30 MINUTEN

1 Kassave (südamerikanische Wurzelknolle)
1 Süßkartoffel
2 Rote Beten
1 Karotte
Öl zum Frittieren, ausreichend für eine Schicht von 5 cm in der Pfanne
4 Blätter Cavolo nero (Palmkohl)
150 g Garnelen (mit Kopf und Schale)
Meersalzflocken (z. B. Maldon oder Fleur de Sel)

FÜR DIE AÏOLI:
2 Knoblauchzehen
½ Scheibe Weißbrot, Kruste entfernt, in kleine Stücke zerteilt
1 Eigelb
125 ml mildes Olivenöl
Zitronensaft
Salz und frisch gemahlener schwarzer Pfeffer

Kassave, Süßkartoffel, Rote Beten und Karotte gründlich waschen und trocknen, dann mit dem Gemüsehobel oder dem Sparschäler in dünne Scheiben schneiden. Auf einem Backofenrost verteilen und 30 Minuten trocknen lassen.

Die Aïoli, wie auf Seite 237 beschrieben, zubereiten.

In einer Pfanne das Frittieröl auf 170 °C erhitzen und die Gemüsescheiben und den Cavolo nero in höchstens 2 Minuten knusprig frittieren. Sofort herausheben und auf Küchenpapier abtropfen lassen. Anschließend die Garnelen im selben Öl 1 Minute kross frittieren. Ebenfalls auf Küchenpapier abtropfen lassen.

Mit Meersalzflocken bestreuen und die Aïoli dazu servieren.

TIPP — Rote Beten färben sehr stark – beim Schneiden am besten feine Plastikhandschuhe tragen.

ENERGIE 4985 KJ / 1205 KCAL — FETT 105 G — DAVON GESÄTTIGTE FETTSÄUREN 15 G
KOHLENHYDRATE 43 G — DAVON ZUCKER 12 G — EIWEISS 20 G — SALZ 2,5 G

TOMATENSALAT MIT TINTEN-FISCH UND POL SAMBOL

Der nationale Geschmackgeber Sri Lankas heißt *pol sambol.* Und das ist nichts anderes als Sambal, mit den bekannten roten Chilischoten. Pol Sambol ist eine mildere Variante, mit Kokosraspeln zubereitet.

FÜR 2 PERSONEN
ZUBEREITUNGSZEIT 40 MINUTEN

FÜR DAS FLADENBROT:
170 g Weizenmehl Type 405
½ TL Salz
1 TL Backpulver
170 g Naturjoghurt

FÜR DAS POL SAMBOL:
1 kleine rote Zwiebel
1 Knoblauchzehe
1 rote Chilischote
1 Tomate
Saft von ½ Limette
½ TL Salz
100 g Kokosraspel
2 Stängel Koriander, Blätter fein gehackt

FÜR DEN TOMATENSALAT:
200 g gemischte Tomaten
½ rote Zwiebel
2 Stängel Koriander, Blätter grob gehackt
2 EL Olivenöl extra vergine
2 TL Weißweinessig
Salz und frisch gemahlener schwarzer Pfeffer

FÜR DIE TINTENFISCHRINGE:
100 g Weizenmehl Type 405
1 TL geräuchertes Paprikapulver
200 g Kalmar, gesäubert und in Ringe geschnitten
Öl zum Frittieren

EXTRA:
4 EL Naturjoghurt
abgeriebene Schale und Saft von 1 unbehandelten Limette

Für das Fladenbrot in einer Schüssel Mehl, Salz, Backpulver und Joghurt verrühren und zu einer Teigkugel kneten. Daraus vier kleine Bällchen formen und beiseitestellen.

Für das Pol Sambol Zwiebel und Knoblauch schälen und fein hacken, die Chilischote von den Samen befreien und ebenfalls fein hacken. Die Tomate von den Samen befreien und fein würfeln. In einer Schüssel mit den Händen (wegen der Chilischote am besten feine Plastikhandschuhe tragen) Zwiebel, Knoblauch, Chilischote, Limettensaft und das Salz verkneten. Tomate, Kokosraspel und Koriander untermischen. Beiseitestellen.

Die Teigbällchen zu vier dünnen Fladen ausrollen. Nacheinander in einer Pfanne ohne Fett bei mittlerer Temperatur 3–4 Minuten von jeder Seite backen, bis sie leicht gebräunt sind. Warm halten.

Für den Salat die Tomaten in grobe Stücke schneiden, die Zwiebel schälen und in Ringe schneiden. Beides mit dem Koriander mischen. Mit Öl, Essig, Salz und Pfeffer würzen.

Für die Tintenfischringe das Mehl auf einem Teller mit dem Paprikapulver mischen und die Tintenfischringe darin wenden. Eine tiefe Pfanne etwa 3 cm hoch mit Öl füllen.

Das Öl auf 180 °C erhitzen und die Tintenfischringe 40–60 Sekunden goldbraun frittieren. Herausheben, auf Küchenpapier abtropfen lassen und mit Salz bestreuen.

Den Joghurt mit Limettenabrieb und -saft verrühren.

Das Fladenbrot mit Tomatensalat, Pol Sambol, Tintenfischringen und Limettenjoghurt servieren.

ENERGIE 5390 KJ / 1285 KCAL — FETT 65 G — DAVON GESÄTTIGTE FETTSÄUREN 35 G
KOHLENHYDRATE 114 G — DAVON ZUCKER 18 G — EIWEISS 52 G — SALZ 0,9 G

SPIEGELEIER MIT KAPUZINERERBSEN, PORTULAK UND SARDELLEN

Kapuzinererbsen mit Speck – holländischer geht es nicht. In dieser Version ersetze ich den Speck durch Ziegenkäse und Sardellen. Lecker mit frischem Portulak, ebenfalls aus holländischer Ernte.

FÜR 2 PERSONEN
ZUBEREITUNGSZEIT 20 MINUTEN

70 g Kapuzinererbsen (frisch oder TK), gepalt
2 EL Olivenöl zum Braten
1 Knoblauchzehe, fein gehackt
4 gesalzene Sardellen (aus dem Glas oder aus der Dose)
½ Tomate, Samen entfernt, gewürfelt (ich nehme hier eine gelbe Tomate)
60 g Portulak
2 Frühlingszwiebeln, in grobe Ringe geschnitten
2 Eier
40 g junger Ziegenkäse
4 Scheiben Brot
2 Stängel glatte Petersilie, Blätter abgezupft
2 Stängel Kerbel, Blätter abgezupft
Meersalzflocken (z. B. Maldon oder Fleur de Sel)
frisch gemahlener schwarzer Pfeffer

In einem Topf Wasser aufkochen und die Kapuzinererbsen darin in 6–9 Minuten bissfest garen. In ein Sieb gießen und unter fließendem kaltem Wasser abschrecken, damit sie nicht weitergaren.

Pro Person eine mittelgroße Pfanne auf mittlere Temperatur erhitzen oder für zwei Personen eine große Pfanne verwenden. Sobald die Pfanne heiß ist, das Öl hinzufügen und Knoblauch und Sardellen darin 1 Minute anbraten; der Knoblauch darf keine Farbe nehmen. Kapuzinererbsen, Tomate, Portulak und Frühlingszwiebeln hinzufügen und unter Rühren 2 Minuten anschwitzen. Die Temperatur reduzieren und in der Mitte eine freie Stelle schaffen. Die Eier aufschlagen und hineingleiten lassen, den Ziegenkäse über dem Gemüse zerkrümeln und alles 4 Minuten braten, bis die Eier gestockt sind.

Inzwischen die Brotscheiben im Toaster oder in der heißen Grillpfanne rösten.

Das Gericht mit Petersilie, Kerbel, Meersalzflocken und Pfeffer bestreuen. Mit dem gerösteten Brot servieren.

ENERGIE 1845 KJ / 440 KCAL — FETT 21 G — DAVON GESÄTTIGTE FETTSÄUREN 6 G
KOHLENHYDRATE 35 G — DAVON ZUCKER 3 G — EIWEISS 23 G — SALZ 3,1 G

LATKES MIT RÄUCHERMAKRELE, APFEL UND PETERSILIE

Latkes kennt man ursprünglich aus der jüdischen Küche. Die knusprig gebratenen Kartoffelpuffer werden aus geraspelten Kartoffeln und Zwiebel zubereitet, also eine Art Rösti. Apfel und Kapern bilden in diesem Gericht einen schönen Ausgleich zu Kartoffelpuffern und fetter Räuchermakrele.

FÜR 2 PERSONEN
ZUBEREITUNGSZEIT 45 MINUTEN

- 250 g festkochende oder vorwiegend festkochende Kartoffeln, geschält und geraspelt
- 1 mittelgroße Zwiebel, in feine Ringe geschnitten
- 2 Eier
- 1–2 EL Weizenmehl Type 1050
- Salz und frisch gemahlener schwarzer Pfeffer
- 2 EL mildes Olivenöl zum Braten
- 150 g Räuchermakrele, in grobe Stücke zerteilt
- 1 EL Mayonnaise
- ½ EL Crème fraîche
- 1 TL Dijonsenf
- abgeriebene Schale und Saft von ½ unbehandelten Zitrone
- 4 Stängel Petersilie, Blätter fein gehackt
- 1 TL Kapern (aus dem Glas)
- ½ Apfel (Granny Smith), Kerngehäuse entfernt, in feine Streifen geschnitten

Den Backofen auf 180 °C Ober-/Unterhitze vorheizen.

Kartoffeln und Zwiebel in ein Stück Käseleinen (oder ein sauberes Küchentuch) legen und dieses fest verknoten. Das Tuch in ein Sieb legen und Kartoffeln und Zwiebel 20 Minuten abtropfen lassen. Die überschüssige Flüssigkeit herausdrücken.

In einem Topf reichlich Waser zum Kochen bringen und 1 Ei in 8 Minuten hart kochen. Unter fließendem kaltem Wasser abschrecken, pellen und mit der Rückseite eines Löffels in einem Sieb zerkrümeln. Beiseitestellen.

In einer Schüssel das zweite Ei verquirlen und mit dem Mehl unter die Zwiebel-Kartoffel-Mischung rühren. Die Masse sollte ein wenig fest sein, damit sich die Kartoffelpuffer später gut backen lassen. Mit Salz und Pfeffer würzen und runde Küchlein mit 5 cm Durchmesser formen.

In einer Pfanne das Öl auf mittlere Temperatur erhitzen. Die Latkes in 2 Minuten goldbraun braten. Dabei nach der Hälfte der Zeit vorsichtig mit einem Pfannenheber wenden, sodass sie nicht auseinanderfallen. Die Latkes auf einen Backofenrost legen und noch 8–10 Minuten im Backofen braten. Dann herausnehmen und abkühlen lassen.

Mit der Gabel das Makrelenfilet zerkleinern und mit Mayonnaise, Crème fraîche, Senf und Zitronenabrieb und -saft verrühren. Petersilie und einen Großteil der Kapern und Apfelstreifen untermischen. Mit Pfeffer würzen.

Die Makrelen-Apfel-Mischung auf den Latkes anrichten. Mit den übrigen Kapern, Apfelstreifen und den Eikrümeln garnieren und schwarzen Pfeffer darübermahlen.

ENERGIE 2085 KJ / 500 KCAL — FETT 33 G — DAVON GESÄTTIGTE FETTSÄUREN 7 G
KOHLENHYDRATE 35 G — DAVON ZUCKER 8 G — EIWEISS 15 G — SALZ 1 G

PAN BAGNAT

Pan Bagnat bedeutet wörtlich »nasses Brot«. Ein Klassiker aus Südfrankreich, denken Sie etwa an die *salade niçoise* mit Brot. Das opulent belegte Brot wird fest in Frischhaltefolie gewickelt und mehrere Stunden im Kühlschrank aufbewahrt. So ziehen die Säfte und Aromen der Zutaten in das Brot ein. Ideal für unterwegs oder für ein gutes Picknick.

FÜR 2 PERSONEN
ZUBEREITUNGSZEIT 30 MINUTEN
MARINIERZEIT 6 STUNDEN

50 g grüne Bohnen
50 g Dicke Bohnen, doppelt gepalt
2 Eier
1 rundes Brot, waagerecht halbiert
4 EL Olivenöl extra vergine
2 EL Weißweinessig
2 Tomaten, in Scheiben geschnitten
4 Artischockenherzen (aus dem Glas oder aus der Dose), in kleine Stücke geschnitten
2 Radieschen, in feine Scheiben geschnitten
1 Frühlingszwiebel, in Ringe geschnitten
1 Dose Thunfisch in Öl (Abtropfgewicht etwa 100 g)
4 gesalzene Sardellenfilets (aus dem Glas oder aus der Dose)
3 Stängel Basilikum, Blätter abgezupft
Salz und frisch gemahlener schwarzer Pfeffer

Eine Schüssel mit Eiswasser vorbereiten. In einem Topf Wasser mit einer kräftigen Prise Salz aufkochen. Die grünen Bohnen 5–7 Minuten blanchieren und in den letzten 1–2 Minuten die Dicken Bohnen hinzufügen. Die Bohnen aus dem Topf nehmen und direkt im Eiswasser abschrecken.

Die Eier in 8 Minuten hart kochen und unter fließendem kaltem Wasser abschrecken. Die Eier pellen und in dünne Scheiben schneiden.

Das Brot in der Mitte etwas aushöhlen und die entfernte Brotkrume anderweitig verwenden. Die Innenfläche mit 2 EL Öl und 1 EL Essig beträufeln.

Die Füllung vorsichtig auf die untere Brothälfte schichten. Mit den Tomaten beginnen und dann Artischocken, Radieschen, Frühlingszwiebel, Eischeiben, grüne Bohnen und Dicke Bohnen auflegen. Mit Thunfisch, Sardellen und Basilikum enden. Mit Salz und Pfeffer würzen und mit dem restlichen Öl (2 EL) und Essig (1 EL) beträufeln.

Die obere Brothälfte auflegen und das gefüllte Brot doppelt in Frischhaltefolie einwickeln. Für 4–6 Stunden in den Kühlschrank legen, damit die Aromen gut durchziehen.

Das Brot halbieren und servieren.

ENERGIE 1780 KJ / 425 KCAL — FETT 15 G — DAVON GESÄTTIGTE FETTSÄUREN 3 G
KOHLENHYDRATE 48 G — DAVON ZUCKER 4 G — EIWEISS 21 G — SALZ 2,5 G

SALZASTER UND WASSERSPINAT
MIT GARNELEN UND ESTRAGONSAHNE

Nordseekrabben mit Mayonnaise auf geröstetem Brot sind ein echter Klassiker. In meiner Version von Krabben auf Toast nehme ich zusätzlich Gemüse wie Wasserspinat und Salzaster. Wasserspinat wächst auf feuchten Böden und kann wie »normaler« Blattspinat roh oder gegart gegessen werden. Statt der Mayonnaise serviere ich am liebsten eine sahnige Estragonsauce.

FÜR 2 PERSONEN
ZUBEREITUNGSZEIT 20 MINUTEN

40 g Salzaster
40 g Wasserspinat
mildes Olivenöl zum Braten
4 Scheiben Sauerteigbrot
150 g Nordseekrabben, geschält und gegart (siehe Tipp Seite 58)
¼ Mango, Fruchtfleisch gewürfelt (Zimmertemperatur)
1 EL Heringskaviar
Salz und frisch gemahlener schwarzer Pfeffer

FÜR DIE ESTRAGONSAHNE:
4 Stängel Estragon, Blätter fein gehackt
Salz
2 TL Dijonsenf
1 EL Weißweinessig
50 g Sahne
frisch gemahlener schwarzer Pfeffer

TIPP — Salzaster lässt sich problemlos durch Queller ersetzen.

Für die Estragonsahne den Estragon mit einer Prise Salz im Mörser fein zerstoßen. Mit Senf und Essig zu einer glatten Sauce verrühren. Die Sahne hinzufügen und mit Salz und Pfeffer würzen.

Salzaster und Wasserspinat verlesen. In einer Pfanne einen Spritzer Öl auf mittlere Temperatur erhitzen und das Gemüse 1–2 Minuten darin anschwitzen. Ein wenig abkühlen lassen.

Das Brot im Toaster oder auf dem heißen Grill rösten.

Salzaster und Wasserspinat auf dem gerösteten Brot anrichten. Etwas Estragonsahne über das Gemüse träufeln und mit Krabben, Mango und Heringskaviar garnieren. Mit Salz und Pfeffer bestreuen.

Die restliche Estragonsahne dazu servieren.

ENERGIE 1410 KJ / 335 KCAL — FETT 9 G — DAVON GESÄTTIGTE FETTSÄUREN 4 G
KOHLENHYDRATE 36 G — DAVON ZUCKER 8 G — EIWEISS 24 G — SALZ 3,0 G

CRUDITÉS MIT ANCHOÏADE UND TAPENADE

Die Anchoïade ist eine klassische Sardellensauce, die Sie kalt oder warm servieren können. Ein feiner Dip zu Crudités. Die Sauce passt übrigens auch wunderbar zu Röstgemüse oder zu Brot oder kann als Dressing zum Salat serviert werden.

FÜR 4–6 PERSONEN
ZUBEREITUNGSZEIT 90 MINUTEN

1 Artischocke
1 unbehandelte Zitrone, halbiert
1 EL Weizenmehl Type 405
1 TL Salz
3 Brokkolini
100 g Blumenkohlröschen (nach Belieben unterschiedliche Farben)
1 Salatgurke, entkernt und in Stifte geschnitten
2 Paprikaschoten, Samen entfernt, in Streifen geschnitten
5 kleine Karotten, geschält und halbiert
2 Chicorée, Blätter abgetrennt
1 Bund Radieschen, Stiel bis auf ½ cm abgeschnitten

FÜR DIE ANCHOÏADE:
45 g gesalzene Sardellenfilets (aus dem Glas oder der Dose)
100 ml Milch
15 ml Weißweinessig
½ Knoblauchzehe
5 schwarze Oliven ohne Stein
40 ml Traubenkernöl
40 ml mildes Olivenöl

FÜR DIE TAPENADE:
200 g schwarze Oliven ohne Stein
1 Knoblauchzehe, halbiert
15 g gesalzene Sardellenfilets (aus dem Glas oder der Dose)
25 g Kapern (aus dem Glas)
1 Stängel Basilikum, Blätter fein gehackt
1 EL Sherryessig
2 EL Olivenöl extra vergine

Für die Anchoïade die Sardellenfilets entsalzen und dazu 30 Minuten in der Milch einlegen. Anschließend mit Küchenpapier gründlich trocken tupfen.

Mit dem Stabmixer die Sardellen mit 25 ml Wasser, Essig, Knoblauch und Oliven zu einer glatten Paste verarbeiten. Anschließend unter ständigem Rühren in feinem Strahl Traubenkernöl und Olivenöl hinzufügen. Die Anchoïade 30 Minuten abgedeckt in den Kühlschrank stellen.

Für die Tapenade den Becher des Stabmixers säubern. Die Oliven mit Knoblauch, Sardellen und Kapern zu einer groben Paste verarbeiten. Mit einem Löffel Basilikum, Essig und Öl untermischen. Die Tapenade 30 Minuten abgedeckt in den Kühlschrank stellen.

Für die Artischocke in einem großen Topf ausreichend Wasser zum Kochen bringen. Zitronenhälften, Mehl und Salz hinzufügen. Durch eine Hin-und-her-Bewegung den Stiel der Artischocke entfernen. Die Artischocke 35–45 Minuten garen. Sobald die Spitze eines Messers leicht in die Unterseite gestochen werden kann, ist die Artischocke ausreichend gegart. Aus der Kochflüssigkeit nehmen und abkühlen lassen.

In einem zweiten Topf Brokkolini und Blumenkohl 2–3 Minuten blanchieren. In ein Sieb abgießen und unter fließendem kaltem Wasser abschrecken, um den Garprozess zu unterbrechen.

Das Gemüse auf einer Servierplatte anrichten und mit der Anchoïade und der Tapenade servieren.

ENERGIE 1340 KJ / 325 KCAL — FETT 27 G — DAVON GESÄTTIGTE FETTSÄUREN 4 G
KOHLENHYDRATE 8 G — DAVON ZUCKER 6 G — EIWEISS 6 G — SALZ 2,3 G

ERBSEN-GUACAMOLE-BRÖTCHEN MIT *PULLED SALMON*

Warmgeräucherter Lachs – bei 65 °C kurz gegart – hat ein herrliches Raucharoma und eine weiche Struktur. Der Lachs lässt sich leicht auseinanderziehen, und schon haben Sie Ihren *pulled salmon*. Und dieser harmoniert sehr gut mit der Guacamole aus Erbsen und Avocado.

FÜR 2 PERSONEN
ZUBEREITUNGSZEIT 20 MINUTEN

FÜR DIE ERBSEN-GUACAMOLE:
100 g Erbsen
1 reife Avocado
Saft von 1½ Limetten
2 EL Olivenöl extra vergine
1 kleine Schalotte, fein gehackt
½ rote Chilischote, Samen entfernt, fein gehackt
6 Stängel Koriander, Blätter fein gehackt
Salz und frisch gemahlener schwarzer Pfeffer

SONSTIGE ZUTATEN:
2 Brötchen, waagerecht halbiert
20 g Feldsalat
120 g warmgeräucherter Lachs
¼ Salatgurke, entkernt und in feine Streifen geschnitten
½ Kästchen Kresse, Stängel abgeschnitten
Salz und frisch gemahlener schwarzer Pfeffer

In einem Topf Wasser aufkochen. Die Erbsen 2–3 Minuten darin blanchieren, dann in ein Sieb abgießen und kurz in Eiswasser legen, um den Garprozess zu unterbrechen. Erneut abseihen und mit Küchenpapier trocken tupfen.

Mit einer Gabel das Fruchtfleisch der Avocado und die Erbsen fein zerdrücken. Limettensaft, Öl, Schalotte, Chili und Koriander untermischen. Mit Salz und Pfeffer würzen.

Die Brötchen mit der Erbsen-Avocado-Creme bestreichen und den Feldsalat darauf verteilen. Den Lachs in Stücke teilen und auf den Brötchen anrichten. Mit Gurke und Kresse garnieren und mit Salz und Pfeffer würzen.

ENERGIE 2455 KJ / 590 KCAL — FETT 35 G — DAVON GESÄTTIGTE FETTSÄUREN 5 G
KOHLENHYDRATE 40 G — DAVON ZUCKER 5 G — EIWEISS 24 G — SALZ 2,6 G

FRITTO MISTO UND SALSA ROJA

In Frankreich heißen sie *petite friture*, in Italien *fritto misto*: kleine frittierte Fische zum Aperitif oder als Vorspeise. Mein Frittiertes besteht nicht nur aus Fischen, sondern auch aus viel gesundem Gemüse.

FÜR 2 PERSONEN
ZUBEREITUNGSZEIT 45 MINUTEN

10 Okraschoten
50 g grüne Bohnen
10 Spargelspitzen
½ Zucchini, in ½ cm dicke Scheiben geschnitten
200 g küchenfertiger Stint, in Stücke geschnitten
½ Zitrone, in Spalten geschnitten

FÜR DEN TEIG:
160 g Weizenmehl Type 405
200 ml Bier
1½ TL Backpulver
1 TL Honig
Salz
Öl zum Frittieren

FÜR DIE SALSA:
3 Tomaten, Samen entfernt, in kleine Würfel geschnitten
½ rote Zwiebel, fein gehackt
1 Knoblauchzehe, fein gehackt
1 Jalapeño-Chilischote, Samen entfernt, fein gehackt
6 Stängel Koriander, Blätter fein gehackt
1 EL Olivenöl extra vergine
Salz

Für den Teig Mehl, Bier, Backpulver und Honig mit dem Schneebesen verquirlen. Zum Schluss kräftig mit Salz würzen. Vor der Verwendung 30 Minuten in den Kühlschrank stellen.

Für die Salsa die Tomaten mit Zwiebel, Knoblauch, Jalapeño-Chili, Koriander (etwas für die Garnitur aufbewahren) und Öl mischen. Mit Salz würzen und in den Kühlschrank stellen.

Den Teig aus dem Kühlschrank nehmen. In einem Topf mit schwerem Boden 4 cm hoch Öl einfüllen. Das Öl auf 180 °C erhitzen. Die Gemüse- und Fischstücke nacheinander in den Teig tauchen und im heißen Öl 1–2 Minuten goldbraun frittieren. Nicht zu viele Stücke gleichzeitig frittieren, damit das Öl die Temperatur hält. Das frittierte Gemüse und den frittierten Fisch herausheben und auf Küchenpapier abtropfen lassen.

Gemüse und Fisch mit der Salsa Roja und Zitronenspalten servieren.

ENERGIE 3055 KJ / 730 KCAL — FETT 28 G — DAVON GESÄTTIGTE FETTSÄUREN 3 G
KOHLENHYDRATE 73 G — DAVON ZUCKER 11 G — EIWEISS 32 G — SALZ 0,8 G

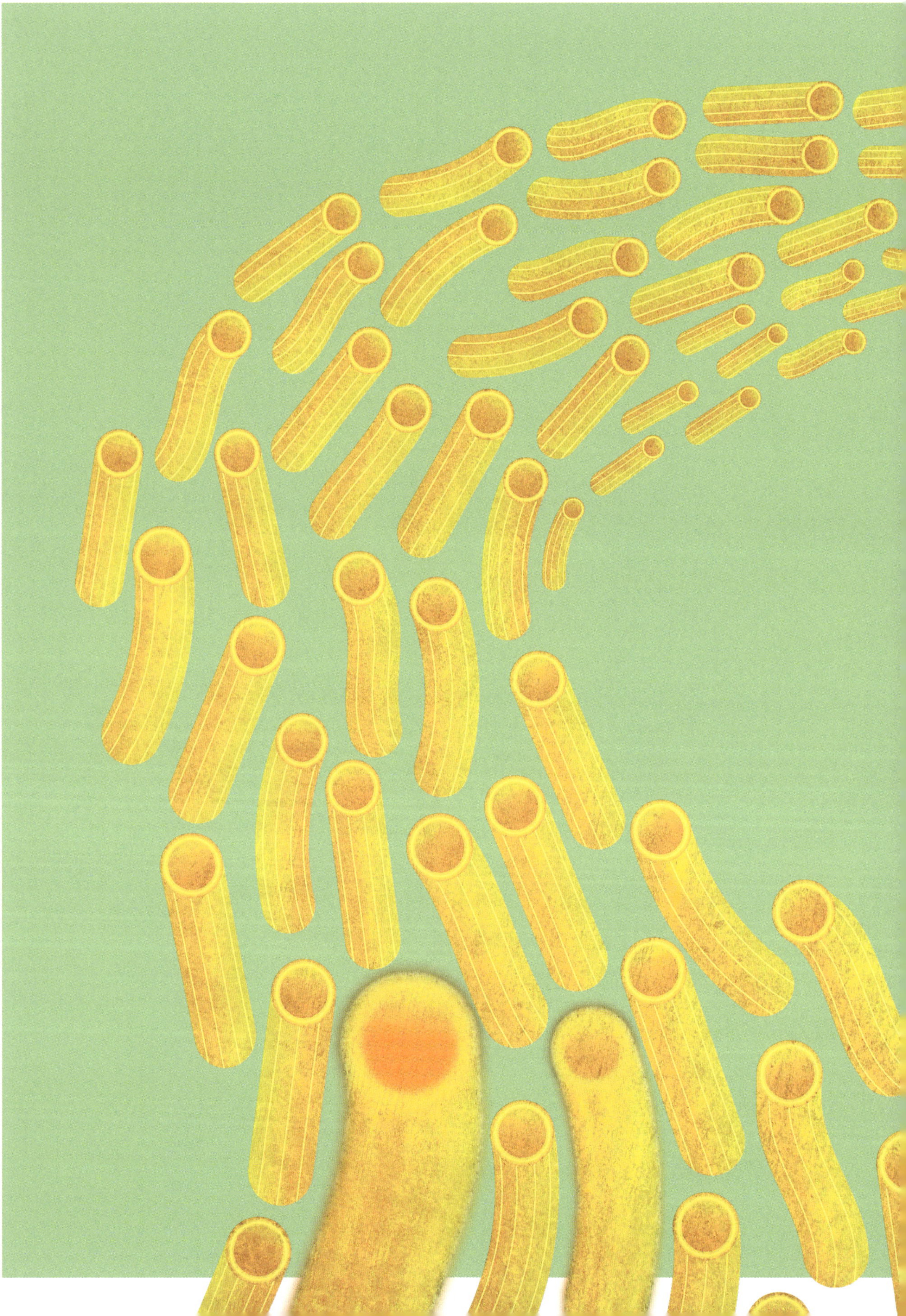

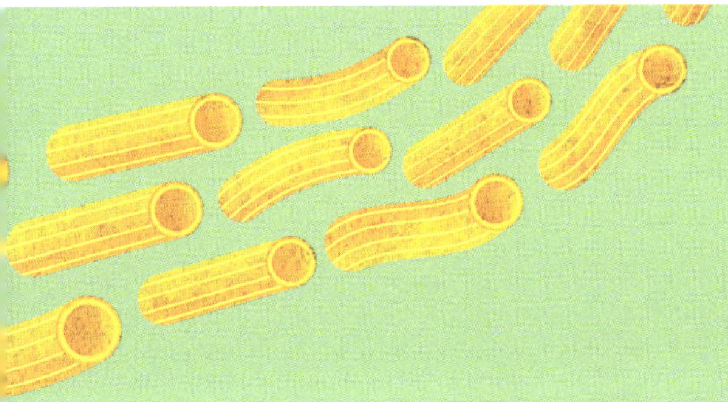

PASTA & PIZZA

Nudelgerichte sind ideal, um Gemüse und Fisch zu kombinieren, es gibt so viele Möglichkeiten. In diesem Kapitel finden Sie Pasta für schnelle Mahlzeiten unter der Woche, aber auch Rezepte für ein opulentes Dinner. Sie haben Nudeln übrig? Dann lassen Sie sich auf Seite 135 inspirieren, um damit am nächsten Tag noch ein neues Gericht auf den Tisch zu zaubern.

SPAGHETTI CARBONARA MIT SPINAT, DULSE UND RÄUCHERLACHS

Das ist meine Gemüse-Fisch-Variante der *pasta carbonara*. Ich verwende Spinat und Dulse, eine Rotalge, die nach dem Braten an den salzigen Geschmack von Speck erinnert. Herrlich mit dieser gehaltvollen Sauce aus Sahne, Ei, Parmesan und der Kochflüssigkeit des Gemüses.

FÜR 2 PERSONEN
ZUBEREITUNGSZEIT 25 MINUTEN

200 g Spaghetti
Salz
1 EL mildes Olivenöl
100 g weiße Anischampignons oder braune Champignons, geviertelt
1 Schalotte, fein gehackt
1 Knoblauchzehe, fein gehackt
1 EL getrocknete Dulse (Rotalge)
300 g Blattspinat, gewaschen und trocken geschüttelt
2 Eier
30 g Parmesan, gerieben
2 EL Sahne
100 g geräucherter Sockeye-Wildlachs, in kleine Stücke geschnitten
4 Stängel Schnittlauch, fein geschnitten
frisch gemahlener schwarzer Pfeffer

TIPP — Den Sockeye-Wildlachs können Sie durch Zuchtlachs ersetzen.

Für die Spaghetti in einem Topf Wasser mit einer Prise Salz zum Kochen bringen. Die Nudeln nach Packungsanweisung bissfest garen.

Währenddessen in einer Pfanne das Öl bei mittlerer Temperatur erhitzen. Die Pilze darin 3–4 Minuten goldbraun anbraten. Schalotte und Knoblauch hinzufügen und mitbraten, bis sie weich geworden sind. Den Dulse 1 Minute mitschmoren. Den Spinat unterrühren, bis er zusammengefallen ist. Die Temperatur reduzieren.

Die Spaghetti in ein Sieb abgießen (eine Tasse Kochflüssigkeit aufbewahren) und zum Inhalt der Pfanne geben. Den Herd ausschalten.

In einer Schüssel die Eier mit Parmesan und Sahne verrühren. Noch 1 EL Kochflüssigkeit unterrühren (die Kochflüssigkeit sollte abgekühlt sein, damit das Ei nicht stockt).

Die Ei-Käse-Sahne-Mischung unter die Nudeln rühren. Sollte die Sauce zu dicksämig sein, noch etwas Kochflüssigkeit hinzufügen. Zum Schluss den Lachs und die Schnittlauchröllchen unterheben und alles mit Pfeffer würzen.

ENERGIE 2940 KJ / 700 KCAL — FETT 23 G — DAVON GESÄTTIGTE FETTSÄUREN 7 G
KOHLENHYDRATE 77 G — DAVON ZUCKER 2 G — EIWEISS 42 G — SALZ 2,3 G

FÜR ZWEI TAGE KOCHEN - TAG 1

GNOCCHETTI MIT TOMATE UND THUNFISCH

Kurz nach dem Ausbruch der Corona-Pandemie startete der italienische Spitzenkoch Massimo Bottura ein fantastisches tägliches Kochprogramm auf Instagram. Eine seiner Ideen? Am ersten Tag kochen Sie ein Gericht, und die Reste verwenden Sie am nächsten Tag als Grundlage für ein neues Gericht. Diese Nudeln mit Tomaten-Thunfisch-Sauce sind für zwei Personen, aber gleichzeitig auch die Grundlage für das morgige Rezept auf Seite 135.

FÜR 2 PERSONEN
ZUBEREITUNGSZEIT 30 MINUTEN

Olivenöl zum Braten
2 Schalotten, fein gehackt
1 Chilischote, Samen entfernt, fein gehackt
2 Knoblauchzehen, fein gehackt
3 gesalzene Sardellenfilets (aus dem Glas oder aus der Dose)
2 EL Weißwein
600 g rote und gelbe Kirschtomaten
2 TL Rotweinessig
2 EL Kapern (aus dem Glas)
2 Zweige Rosmarin
2 Zweige Thymian
Salz
400 g Gnocchetti sardi (oder andere kleine Nudeln)
3 Dosen Thunfisch (Abtropfgewicht etwa 300 g)
2 Stängel Basilikum, Blätter abgezupft
Olivenöl extra vergine
frisch gemahlener schwarzer Pfeffer

In einer Pfanne einen Spritzer Öl auf mittlere Temperatur erhitzen und Schalotte und Chili darin anschwitzen. Nach 1 Minute Knoblauch und Sardellen hinzufügen. Sobald die Sardellen »geschmolzen« sind, alles mit dem Wein ablöschen und Tomaten, Essig, Kapern, Rosmarin- und Thymianzweige dazugeben. Bei aufgesetztem Deckel die Sauce 10 Minuten köcheln lassen.

Inzwischen in einem Topf Wasser mit einer Prise Salz zum Kochen bringen und die Nudeln nach Packungsanweisung al dente garen.

Die Rosmarin- und Thymianzweige aus der Gemüsepfanne entfernen. Den Thunfisch untermischen.

Die Nudeln in ein Sieb abgießen und in einer Schüssel mit der Tomaten-Thunfisch-Sauce mischen. Mit Basilikum garnieren, mit Olivenöl extra vergine beträufeln und mit Pfeffer würzen.

ENERGIE 2810 KJ / 670 KCAL — FETT 21 G — DAVON GESÄTTIGTE FETTSÄUREN 3 G
KOHLENHYDRATE 80 G — DAVON ZUCKER 8 G — EIWEISS 35 G — SALZ 2 G

FÜR ZWEI TAGE KOCHEN - TAG 2

PASTA AL FORNO MIT CAVOLO NERO UND PILZEN

Das Rezept auf Seite 132 ist die Grundlage für dieses Ofengericht. Ich gebe noch einige Extrazutaten wie Cavolo nero, Champignons und Mozzarella dazu. So können Sie schnell und einfach aus Resten vom Vortag eine neue Mahlzeit zubereiten, die wieder völlig anders schmeckt.

FÜR 2 PERSONEN
ZUBEREITUNGSZEIT 40 MINUTEN

restliche Nudeln vom Vortag (siehe Seite 132; dieses Rezept basiert darauf, dass vom Vortag die Hälfte übrig bleibt)
mildes Olivenöl zum Braten
250 g braune Champignons, geviertelt
2 EL Sherry
Salz und frisch gemahlener schwarzer Pfeffer
1 Dose geschälte Tomaten (400 g)
150 g Cavolo nero (Palmkohl), Blätter grob geschnitten
200 g Mozzarella, in Scheiben geschnitten
100 g Parmesan, gerieben

Den Backofen auf 200 °C Ober-/Unterhitze vorheizen.

In einem Topf die restlichen Nudeln vom Vortag mit 1 EL Wasser bei geringer Temperatur aufwärmen. Aber Achtung: Nicht kochen lassen, nur erwärmen, damit die »neuen« Zutaten sich leichter untermischen lassen.

In einer Pfanne 1 EL Öl stark erhitzen und die Champignons darin 8–10 Minuten goldbraun braten. Mit dem Sherry ablöschen und mit Salz und Pfeffer würzen. Die Champignons zu den Nudeln in den Topf geben.

Die Tomaten mit dem Kartoffelstampfer zerdrücken - sie sollten aber noch Biss haben. Mit dem Cavolo nero zu den Nudeln geben. Eventuell mit Salz und Pfeffer abschmecken.

Eine Auflaufform mit Öl einpinseln. Die Nudelmischung einfüllen und die Mozzarellascheiben darauf verteilen. Mit dem Parmesan bestreuen. Im vorgeheizten Backofen 15–20 Minuten backen und dann sofort servieren.

ENERGIE 5590 KJ / 1335 KCAL — FETT 65 G — DAVON GESÄTTIGTE FETTSÄUREN 26 G
KOHLENHYDRATE 95 G — DAVON ZUCKER 19 G — EIWEISS 83 G — SALZ 4,4 G

LASAGNE MIT HUMMER

Das ist das liebste Nudelgericht meiner Freundin Inge Tichelaar, der Stylistin dieses Buches, die eine große Liebhaberin der italienischen Küche ist. *Buon appetito!*

FÜR 2 PERSONEN
ZUBEREITUNGSZEIT 60 MINUTEN

8 Stangen weißer Spargel
Salz
4 Lasagneblätter
1 Hummer, gegart und gesäubert (siehe Seite 147, erster Absatz)
120 g Pecorino, gerieben

FÜR DIE BÉCHAMELSAUCE:
50 g Butter
60 g Weizenmehl Type 405
500 ml Milch
Salz und frisch gemahlener schwarzer Pfeffer

Den Backofen auf 180 °C Ober-/Unterhitze vorheizen.

Die holzigen Enden des Spargels (etwa 2 cm) abschneiden und in einem Topf aufbewahren. Den Spargel doppelt schälen. Dazu die Stangen rundum zweimal schälen. Die Schalen ebenfalls im Topf mit den Enden aufbewahren.

In dem Topf mit den Spargelresten 1 Liter Wasser zum Kochen bringen. Inzwischen den geschälten Spargel nebeneinander in einen weiteren großen Topf legen. Das kochende Wasser aus dem ersten Topf durch ein Sieb über den Spargel gießen. Leicht salzen und den Spargel mit einem Küchentuch abdecken. Dabei sollte das Küchentuch vollständig im Topf liegen und nicht über den Topfrand hängen. Den Topf auf hohe Temperatur erhitzen, den Spargel zum Kochen bringen und 4 Minuten garen. Den Herd ausschalten und den Spargel im Topf unter dem Küchentuch noch 10 Minuten weitergaren. Den gegarten Spargel abgießen und mit einem sauberen Küchentuch trocken tupfen.

Die Lasagneblätter in einem Topf mit kochendem Wasser und einer Prise Salz 5 Minuten garen. Unbedingt darauf achten, dass die Blätter nicht zusammenkleben. Die Blätter anschließend unter fließendem kaltem Wasser abschrecken.

Für die Béchamelsauce in einem kleinen Topf die Butter bei geringer Temperatur zerlassen. Sobald diese geschmolzen ist, das Mehl hinzufügen. Mit einem Schneebesen zu einer glatten Sauce verrühren, dabei nach und nach die Milch hinzugießen. Mit Salz und Pfeffer würzen.

Den Boden einer Auflaufform mit etwas Béchamelsauce bestreichen und die Lasagneblätter auflegen. Den Spargel auf die Blätter legen und dann eine Lage Sauce darüber verteilen. Die Hummerstücke auf die Sauce legen und noch etwas Sauce darüberlöffeln. Mit dem Pecorino bestreuen und die Lasagne 10–15 Minuten im vorgeheizten Backofen überbacken, bis die Kruste schön goldbraun geworden ist.

ENERGIE 3460 KJ / 825 KCAL — FETT 45 G — DAVON GESÄTTIGTE FETTSÄUREN 16 G
KOHLENHYDRATE 58 G — DAVON ZUCKER 14 G — EIWEISS 46 G — SALZ 2,3 G

HVY BV
2017
HOLLAND 6664 E.E.G.
HVY BV
2018
HOLLAND 6664 E.E.G.
HVY BV
2015
HOLLAND 6664 E.E.G.
HVY BV
2015
HOLLAND 6664 E.E.G.

BLÄTTERTEIGPIZZA
MIT THUNFISCH-TAPENADE, ARTISCHOCKE UND MANGOLD

Fisch aus der Dose ist eine gute Ergänzung zu vielen Gemüsegerichten, wie ich beim Schreiben dieses Buches festgestellt habe. So wie unser Freund, der Thunfisch aus der Dose. Als Basis für die Tapenade verwende ich in diesem Rezept Thunfisch und Sardellen. Die Sardellen werden nicht gedämpft, wie der meiste Fisch aus der Konserve, sondern reifen sechs Monate in Salz und kommen dann mit Olivenöl in die Dose. Die Sardellen sind dadurch nicht so lange haltbar und sollten möglichst im Kühlschrank aufbewahrt werden.

FÜR 2 PERSONEN
ZUBEREITUNGSZEIT 45 MINUTEN

500 g Blätterteig
150 g gemischte Tomaten, in Scheiben geschnitten
200 g Artischockenherzen (aus dem Glas)
2 Frühlingszwiebeln, längs halbiert
200 g Mangold
2 EL schwarze Oliven
4 Zweige Thymian, Blätter abgestreift
2 Zweige Oregano, Blätter fein gehackt
Olivenöl extra vergine
Salz und frisch gemahlener schwarzer Pfeffer
2 Stängel Basilikum, Blätter abgezupft

FÜR DIE THUNFISCH-TAPENADE:
1 Dose Thunfisch in Wasser (Abtropfgewicht 100 g)
½ Knoblauchzehe
3 gesalzene Sardellenfilets (aus dem Glas oder aus der Dose)
100 g schwarze Oliven ohne Stein
2 EL Kapern (aus dem Glas)
2 EL mildes Olivenöl
2 TL Rotweinessig

Den Backofen auf 180 °C Ober-/Unterhitze vorheizen.

Für die Tapenade alle Zutaten in der Küchenmaschine oder mit dem Stabmixer zu einer groben Paste verarbeiten.

Ein Backblech im Backofen vorwärmen. Das Backblech dann mit Backpapier auslegen. Den Blätterteig darauf verteilen, dass zum Blechrand hin noch etwas Abstand ist. Den Blätterteigrand so rundum 2 cm tief einschneiden. Die Tapenade auf dem Blätterteig verteilen, dabei den eingeschnittenen Rand aussparen.

Die Tomatenscheiben auf der Tapenade verteilen. In einer Schüssel Artischocken, Frühlingszwiebeln, Mangold, Oliven, Thymian und Oregano mit 2 EL Öl mischen und mit Salz und Pfeffer würzen. Den Pizzaboden mit dem Gemüse belegen.

Die Pizza im vorgeheizten Backofen 20–25 Minuten backen, bis die Ränder goldbraun sind. Mit Öl beträufeln und mit Basilikum bestreuen.

ENERGIE 5940 KJ / 1425 KCAL — FETT 95 G — DAVON GESÄTTIGTE FETTSÄUREN 45 G
KOHLENHYDRATE 105 G — DAVON ZUCKER 9 G — EIWEISS 34 G — SALZ 5,9 G

FETTUCCINE PISTOU MIT SALZASTER, STIELMUS UND PÉTONCLES

Pistou ist eine Basilikumsauce auf Olivenölbasis aus der Provence. Anders als das bekannte italienische Pesto kommt es ohne Pinienkerne aus. Dieses Pastagericht besteht aus herrlichem grünem Gemüse wie Stielmus und salzigem Meeresgemüse. Pétoncles, eine kleinere, ebenso köstliche Variante der Jakobsmuschel, runden diese Nudeln wunderbar ab.

FÜR 2 PERSONEN
ZUBEREITUNGSZEIT 25 MINUTEN

250 g Pétoncles (kleine Jakobsmuscheln; TK oder frisch aus der Muschel)
Salz
10 grüne Spargelspitzen
200 g Fettuccine
2 EL mildes Olivenöl zum Braten
1 Knoblauchzehe, in Scheiben geschnitten
70 g Stielmus
70 g Salzaster
Zitronensaft
frisch gemahlener schwarzer Pfeffer
4 Stängel Meerfenchel (nach Belieben)

FÜR DAS PISTOU:
1 Knoblauchzehe, halbiert
1 Sardellenfilet (aus dem Glas oder aus der Dose)
60 g Basilikumblätter
60 ml Olivenöl extra vergine
20 g Parmesan, gerieben

Tiefgekühlte Pétoncles über Nacht im Kühlschrank auftauen lassen. Dazu die Muscheln über einem Gefäß auf einen Rost legen, damit die Flüssigkeit abtropfen kann. Die Pétoncles mit Küchenpapier gut trocken tupfen und beide Seiten mit Salz bestreuen. Beiseitestellen.

Für das Pistou Knoblauch und Sardellenfilet im Mörser zerstoßen. Nach und nach die Basilikumblätter hinzufügen und alles zu einer glatten Paste verarbeiten. Mit dem Öl verrühren und den Parmesan untermischen.

In einem Topf mit kochendem Wasser und einer Prise Salz die Spargelspitzen 2–3 Minuten blanchieren. Anschließend unter fließendem kaltem Wasser abspülen und abtropfen lassen.

In einem großen Topf Wasser zum Kochen bringen und die Nudeln nach Packungsanweisung bissfest garen.

In der Zwischenzeit in einer Pfanne bei mittlerer Temperatur das Öl erhitzen. Die Pétoncles darin 1–2 Minuten anbraten, bis sie außen schön gebräunt sind. Aus der Pfanne nehmen und beiseitestellen. Im restlichen Öl in der Pfanne den Knoblauch anschwitzen. Stielmus, Salzaster und Spargelspitzen hinzufügen und kurz mitbraten. Die fertig gegarten Nudeln in ein Sieb abgießen, in eine Schüssel geben und das Pistou unterrühren. Mit einigen Tropfen Zitronensaft abschmecken und mit Pfeffer würzen. Die Pétoncles und das Gemüse aus der Pfanne unter die Nudeln mischen.

Die Nudeln in einer Servierschale anrichten oder auf zwei Teller verteilen. Nach Belieben mit einigen Stängeln Meerfenchel garnieren.

ENERGIE 4115 KJ / 985 KCAL — FETT 51 G — DAVON GESÄTTIGTE FETTSÄUREN 9 G
KOHLENHYDRATE 83 G — DAVON ZUCKER 3 G — EIWEISS 45 G — SALZ 1,6 G

FIDEUÀ CADAQUÉS MIT SCHNITTBOHNEN, PAPRIKA UND TIGERGARNELEN

Dieses Gericht esse ich immer im Restaurant Can Rafa auf dem Dorfplatz von Cadaqués, einem bezaubernden Fischerdorf in Katalonien, wo ich schon sehr oft war. Fideuà ist ein Pfannengericht mit Meeresfrüchten und Nudeln (*fideo* bedeutet »Nudeln«). Die Nudeln werden in einer großen flachen Pfanne in einer Brühe gegart, genau wie eine Paella.

FÜR 4 PERSONEN
ZUBEREITUNGSZEIT 30 MINUTEN

1 EL mildes Olivenöl zum Braten
1 weiße Zwiebel, fein gehackt
1 Knoblauchzehe, fein gehackt
1 Stange Lauch, grüner Anteil entfernt, in Ringe geschnitten
1 rote Paprikaschote, Samen entfernt, grob geschnitten
½ Knolle Fenchel, harter Strunk entfernt, grob geschnitten
½ TL Chiliflocken
350 g Tomaten, Samen entfernt, in 1 cm große Würfel geschnitten
etwa 400 ml Gemüse- oder Fischbrühe (siehe Seite 232)
1 TL Safranfäden
Salz und frisch gemahlener schwarzer Pfeffer
300 g Fideuà-Nudeln (oder Vermicelli, in 4 cm lange Stücke geschnitten)
10 Tigergarnelen, Kopf und Darm entfernt
100 g Schnittbohnen, schräg in schmale Stücke geschnitten
1 Zitrone, geviertelt

Für dieses Gericht am besten eine ofenfeste Paella-Pfanne oder eine normal breite Pfanne verwenden, sodass alle Zutaten dicht an der Hitzequelle sind.

Den Backofen auf 200 °C Ober-/Unterhitze vorheizen.

In der Pfanne das Öl bei mittlerer Temperatur erhitzen und unter Rühren Zwiebel, Knoblauch, Lauch, Paprika und Fenchel 2-3 Minuten anschwitzen; das Gemüse muss weich werden, sollte aber keine Farbe annehmen. Die Chiliflocken hinzufügen und 1 Minute mitbraten. Die Tomatenwürfel dazugeben, die Temperatur reduzieren und alles 10 Minuten garen und dabei gelegentlich umrühren.

Die Brühe und den Safran hinzufügen und mit Salz und Pfeffer würzen, dann 2-3 Minuten rühren, sodass sich alle Zutaten gut mischen. Die Fideuà über der Pfanne verteilen und die Nudeln in die Sauce drücken – weiter köcheln lassen, aber nicht mehr rühren! Nach 6 Minuten die Garnelen und die Bohnen in die Pfanne geben und ebenfalls in die Sauce drücken. Weitere 5-6 Minuten köcheln lassen. Die Nudeln nach insgesamt etwa 12 Minuten Garzeit probieren; sie sollten bissfest sein. Die Pfanne 2 Minuten in den Backofen stellen, damit die Nudeln eine schöne Kruste erhalten. Die Fideuà mit Zitronenvierteln servieren.

ENERGIE 1645 KJ / 390 KCAL — FETT 5 G — DAVON GESÄTTIGTE FETTSÄUREN 1 G
KOHLENHYDRATE 61 G — DAVON ZUCKER 10 G — EIWEISS 21 G — SALZ 1,5 G

ORZO, QUELLER UND FENCHEL MIT HUMMER

Orzo sind Nudeln, die an Reiskörner erinnern. Sie werden genau wie ein Risotto in einer Brühe gegart. Ich bereite eine Bisque vom Hummer zu, mit vielen Tomaten und anderem Gemüse. Das Anisaroma des Fenchels harmoniert in diesem Gericht sehr gut mit dem Hummer.

FÜR 2 PERSONEN
VORBEREITUNGSZEIT 60 MINUTEN
ZUBEREITUNGSZEIT 45 MINUTEN

1 lebender Hummer à 500–600 g
Öl zum Braten
1 Zwiebel, grob gehackt
1 Stange Lauch, grob geschnitten
1 Stange Sellerie, grob geschnitten
1 Karotte, grob geschnitten
½ Knolle Fenchel, grob geschnitten, das Fenchelgrün aufbewahrt
2 EL Tomatenmark
1 Sternanis
2 Lorbeerblätter
1 TL Piment d'Espelette
50 ml Cognac
100 ml Weißwein
500 ml Fischbrühe (siehe Seite 232)
125 g Orzo
2 Tomaten, Samen entfernt, gewürfelt
60 g Queller
25 g Butter
Salz und frisch gemahlener schwarzer Pfeffer

Den Hummer für 1 Stunde in den Tiefkühler legen, um ihn zu betäuben. In einem großen Topf so viel Wasser erhitzen, dass der Hummer beim Garen bei hoher Temperatur davon bedeckt ist. Den Hummer aus dem Tiefkühler nehmen und mit einem großen Küchenmesser den Kopf durchschneiden. Den Hummer mit dem Kopf zuerst in das kochende Wasser tauchen und den Deckel auflegen. Den Hummer nach 5 Minuten aus dem Wasser nehmen und abkühlen lassen. Den Schwanz aufbrechen und das Fleisch herauslösen. Die Scheren aufbrechen und mit einer Hummergabel das Fleisch herausnehmen. Das Fleisch aus dem Schwanz in Scheiben schneiden und das Fleisch aus den Scheren in grobe Stücke schneiden. Beiseitestellen. Den Hummerpanzer, den Kopf und die kleinen Beine in grobe Stücke hacken.

In einem Topf mit dickem Boden 3 EL Öl erhitzen und Hummerpanzer, Kopf und Beine bei hoher Temperatur 3–4 Minuten unter Rühren anbraten. Zwiebel, Lauch, Sellerie, Karotte und Fenchel hinzufügen und alles 5 Minuten anbraten. Das Tomatenmark untermischen und 2 Minuten mitschmoren. Sternanis, Lorbeer und Piment d'Esplette in den Topf geben und gut unterrühren. Mit Cognac ablöschen und den Weißwein hinzufügen. Noch 1 Minute einkochen lassen und dann die Fischbrühe angießen. Die Bisque noch etwa 25 Minuten köcheln lassen.

Anis und Lorbeer aus der Bisque nehmen und mit einem Kartoffelstampfer die Hummerpanzer möglichst fein zerdrücken. Die Mischung durch ein Sieb in einen Topf abseihen und die Bisque mit Salz und Pfeffer würzen.

In einem Topf einen kräftigen Spritzer Öl erhitzen und die Orzo-Nudeln bei mittlerer Temperatur etwa 4 Minuten anbraten, bis sie leicht gebräunt sind. Die Bisque zu den Orzo geben, gut umrühren und 12–15 Minuten köcheln lassen, bis die Orzo fast gar sind. Tomaten und Queller untermischen. Zum Schluss die Hummerstücke und die Butter hinzufügen und das Gericht mit Salz und Pfeffer würzen. Mit dem Fenchelgrün garnieren.

ENERGIE 3145 KJ / 750 KCAL — FETT 29 G — DAVON GESÄTTIGTE FETTSÄUREN 10 G
KOHLENHYDRATE 59 G — DAVON ZUCKER 12 G — EIWEISS 37 G — SALZ 4,1 G

KÜRBIS-GNOCCHI MIT KAISERGRANAT UND GERÖSTETEN TOMATEN

Die Gnocchi bereitete ich statt mit Kartoffeln mit Kürbis und Salbei zu. Die Tomaten rösten langsam in Öl mit Thymian, Rosmarin und Knoblauch im Backofen. Herrlich mit dem Kaisergranat, doch Sie können auch Hummer oder Krebs verwenden.

FÜR 4 PERSONEN
ZUBEREITUNGSZEIT 60 MINUTEN

1 kleiner Flaschenkürbis à etwa 1 kg
2 Knoblauchzehen
12 Kirschtomaten
Olivenöl zum Braten
1 Zweig Thymian
1 Zweig Rosmarin
Salz und frisch gemahlener schwarzer Pfeffer
1 TL gemahlene Kurkuma
1 TL geräuchertes Paprikapulver
200 g Weizenmehl Type 405, plus etwas mehr zum Bestauben
1 Ei, verquirlt
1 TL Chiliflocken
4 Kaisergranate, längs halbiert
3 Stängel Salbei, Blätter abgezupft

Den Backofen auf 180 °C Ober-/Unterhitze vorheizen.

Den Kürbis halbieren, entkernen und das Fruchtfleisch in grobe Stücke schneiden (mit Schale). Ein Backblech mit Backpapier auslegen, die Kürbisstücke darauf verteilen und im vorgeheizten Backofen 30 Minuten garen. Dann herausnehmen, abkühlen lassen und die Schale entfernen. Den Backofen auf 120 °C abkühlen lassen.

Nun 1 Knoblauchzehe schälen und halbieren. Die Kirschtomaten ebenfalls halbieren und in einer Auflaufform mit 3 EL Öl, Thymian, Rosmarin und Knoblauch mischen und mit Salz und Pfeffer würzen. Die Tomaten für 10 Minuten in den Backofen stellen. Herausnehmen und Thymian, Rosmarin und Knoblauch entfernen.

Den Kürbis in der Küchenmaschine pürieren, Kurkuma und Paprikapulver hinzufügen und mit einer Prise Salz würzen. Das Kürbispüree in einer Rührschüssel mit Mehl und Ei glatt vermischen. Die Arbeitsfläche mit Mehl bestauben. Mit zwei Teelöffeln aus der Kürbismasse kleine Bällchen formen und im Mehl wenden. Beiseitestellen.

In einem Topf Wasser mit Salz zum Kochen bringen und die Gnocchi darin garen. Sie sind fertig, sobald sie an die Wasseroberfläche steigen. Die Gnocchi herausheben, abtropfen lassen und in einer Schüssel mit 1 EL Öl mischen.

Die zweite Knoblauchzehe schälen und in feine Scheiben schneiden. In einer Pfanne 2 EL Öl auf mittlere Temperatur erhitzen und Knoblauch und Chiliflocken darin anbraten. Die Temperatur erhöhen und die Kaisergranate 1–2 Minuten in dem aromatisierten Öl anbraten. Aus der Pfanne nehmen und die Salbeiblätter in derselben Pfanne 1–2 Minuten knusprig braten.

Die Tomaten und die Gnocchi auf vier Tellern anrichten. Die Kaisergranate darauflegen und mit dem aromatisierten Öl aus der Pfanne beträufeln. Mit den Salbeiblättern garnieren.

ENERGIE 1835 KJ / 440 KCAL — FETT 18 G — DAVON GESÄTTIGTE FETTSÄUREN 3 G
KOHLENHYDRATE 43 G — DAVON ZUCKER 7 G — EIWEISS 22 G — SALZ 0,5 G

RAVIOLI MIT LAUCH, RICOTTA UND SEEWOLF

Bei einem der vielen Abendessen im Haus meines guten Freundes Tonin Vukaj aß ich dieses Ravioli-Gericht. Es ist leicht zuzubereiten und die Kombination von Weißfisch, cremigem Ricotta und aromatischem Thymian ist unvergesslich.

FÜR 2 PERSONEN
ZUBEREITUNGSZEIT 90 MINUTEN

FÜR DIE RAVIOLIBLÄTTER:
200 g Weizenmehl Type 00 (italienisches Mehl bzw. Pizzamehl)
50 g Semola (Hartweizengrieß)
3 Eier (Größe M)
1 Prise Salz

SONSTIGE ZUTATEN:
Olivenöl zum Braten
1 Knoblauchzehe
1 Stange Lauch, grüner Anteil entfernt, in Ringe geschnitten
1 EL Weißwein
½ Schalotte, fein gehackt
4 Zweige Thymian, Blätter abgestreift, plus etwas mehr für die Garnitur
150 g Seewolffilet ohne Haut
100 g Ricotta
Saft von ¼ Zitrone
Salz und frisch gemahlener schwarzer Pfeffer
1 Eigelb, verquirlt
60 g Butter

Für die Ravioliblätter Mehl und Semola mischen. Auf eine Arbeitsfläche geben und in die Mitte eine Vertiefung drücken. Die Eier und das Salz in die Vertiefung geben und den Teig so lange kneten, bis er sich fest und elastisch anfühlt. Zu einer Kugel formen, in ein feuchtes Küchentuch wickeln und 45 Minuten im Kühlschrank ruhen lassen.

Inzwischen in einer Pfanne bei mittlerer Temperatur 1 EL Öl erhitzen. Den geschälten Knoblauch auf eine Gabel stecken, den Lauch in die Pfanne geben und mit dem Knoblauch umrühren. Nach 1 Minute den Weißwein hinzugießen und den Lauch in 3–4 Minuten weich schmoren. Den Lauch aus der Pfanne nehmen und abkühlen lassen.

Nochmals etwas Öl in der Pfanne erhitzen, die Schalotte darin anschwitzen, die Hälfte des Thymians hinzufügen und den Seewolf 2–3 Minuten darin braten. Den Fisch aus der Pfanne nehmen und in kleine Stücke schneiden. Auf Küchenpapier abtropfen lassen und dann mit Ricotta und Lauch mischen. Mit Zitronensaft abschmecken und mit Salz und Pfeffer würzen.

Den Teig mit der Teigrolle ausrollen und in die gewünschte Form schneiden (oder dazu Ravioli-Ausstecher verwenden). Die Hälfte der Ravioliblätter mit der Fisch-Mischung belegen und dabei am Rand ½ cm aussparen. Die Ränder der Blätter mit Eigelb einpinseln. Die andere Hälfte der Ravioliblätter auflegen und die Ränder vorsichtig zusammendrücken. Möglichst viel Luft herausdrücken, dann bleiben die Ravioli besser geschlossen.

Inzwischen in einem Topf Wasser und etwas Salz aufkochen und die gefüllten Ravioli hineinlegen. Die Ravioli 3–4 Minuten garen, dann aus dem Topf heben und auf Küchenpapier abtropfen lassen.

In einer Pfanne die Butter zerlassen und den restlichen Thymian hinzufügen. Die Ravioli in die zerlassene Butter legen und 2–3 Minuten leicht erwärmen. Mit Salz und Pfeffer würzen.

Die Ravioli mit der mit Thymian aromatisierten Butter servieren und mit einigen Thymianblättern garnieren.

ENERGIE 6860 KJ / 1635 KCAL — FETT 66 G — DAVON GESÄTTIGTE FETTSÄUREN 29 G
KOHLENHYDRATE 184 G — DAVON ZUCKER 10 G — EIWEISS 70 G — SALZ 1,5 G

GETREIDE & HÜLSENFRÜCHTE

Da ich früher vor allem klassisch mediterran kochte, hat es bei mir einige Zeit gedauert, bis ich mich intensiver mit Getreide und Hülsenfrüchten beschäftigte. Doch dank meiner Reisen und der Einflüsse vor allem aus der orientalischen Küche öffneten sich mir vor einigen Jahren die Türen zu einer ganz neuen Welt, auch (und vor allem) in der Küche. In diesem Kapitel finden Sie Gemüse- und Fisch-Inspirationen, bei denen unter anderem Couscous, Bulgur und Quinoa die Hauptrolle spielen.

COUSCOUS MIT GEMÜSE UND CHERMOULA-SCHWERTFISCH

Den Schwertfisch marinieren wir in der Chermoula, einer Kräuter- und Gewürzmischung, die in Marokko zum Würzen von Fisch sehr beliebt ist. Jede Familie hat dort ihr eigenes Rezept. Auch das Gemüse dämpfen wir für ein intensives Aroma in dieser Kräutermischung. Herrlich!

FÜR 2 PERSONEN
ZUBEREITUNGSZEIT 60 MINUTEN

1 Schwertfischfilet à etwa 250 g
mildes Olivenöl
1 Knoblauchzehe, fein gehackt
1 Paprikaschote, Samen entfernt, in Stücke geschnitten
½ Aubergine, in Stücke geschnitten
6 Kirschtomaten, halbiert
½ Flaschenkürbis, in kleine Stücke geschnitten
250 g Kichererbsen (aus dem Glas oder aus der Dose)
150 Couscous
Salz
500 g Gemüsebrühe (siehe Seite 232)
abgeriebene Schale und Saft von 1 unbehandelten Zitrone
2 Stängel Koriander, Blätter grob gehackt
frisch gemahlener schwarzer Pfeffer

FÜR DIE CHERMOULA:
3 TL Kreuzkümmelsamen
3 TL Koriandersamen
3 TL gemahlener Zimt
1 TL geräuchertes Paprikapulver
Salz
2 Knoblauchzehen, fein gehackt
1 grüne Chilischote, Samen entfernt, fein gehackt
abgeriebene Schale und Saft von 1 unbehandelten Zitrone
5 EL mildes Olivenöl
1 Bund Koriandergrün, fein gehackt
½ Bund Petersilie, fein gehackt

Für die Chermoula Kreuzkümmel- und Koriandersamen im Mörser fein zerstoßen und mit Zimt, Paprikapulver und einer Prise Salz mischen. Mit Knoblauch und Chili zu einer glatten Paste verrühren. Zitronenabrieb und -saft, Öl, Koriandergrün und Petersilie hinzufügen. Den Schwertfisch mit der Hälfte der Paste einreiben und 30 Minuten abgedeckt bei Zimmertemperatur marinieren.

In einer Pfanne 1 EL Öl auf mittlere Temperatur erhitzen und den Knoblauch 1–2 Minuten darin anschwitzen. Die restliche Chermoula hinzufügen und erwärmen. Paprika, Aubergine, Tomaten und Kürbis in die Pfanne geben und das Gemüse 4 Minuten anbraten. Die Temperatur reduzieren und das Ganze 20–30 Minuten leicht schmoren lassen. Nach der Hälfte der Garzeit die Kichererbsen hinzufügen. Wenn das Gemüse zu trocken wird, noch einen Spritzer Wasser dazugeben.

In der Zwischenzeit den Couscous in einer Schüssel mit einer Prise Salz würzen. Mit 1 EL Öl und 1 EL kaltem Wasser beträufeln. Mit den Fingern unter den Couscous mischen, sodass er glasig aussieht. In einem Topf die Brühe aufkochen. Den Couscous in einem eingehängten Sieb 10–12 Minuten bei aufgesetztem Deckel dämpfen (gelingt auch im Dampfgarer). Den Couscous in eine Schüssel füllen und mit einer Gabel auflockern. Zitronensaft und -abrieb und 2 EL Öl untermischen und mit Salz und Pfeffer würzen.

Eine Grillpfanne stark erhitzen und das Schwertfischfilet 2–3 Minuten von jeder Seite braten. Den Fisch vorsichtig auf einen Teller legen, mit Aluminiumfolie abdecken und 4–5 Minuten durchziehen lassen. Anschließend den Fisch in Stücke schneiden und mit dem Gemüse unter den Couscous mischen. Mit Koriander bestreut servieren.

TIPP — Dazu passt Joghurt mit Minze: 4 EL Naturjoghurt mit den fein gehackten Blättern von 1 Stängel Minze verrühren.

ENERGIE 4120 KJ / 985 KCAL — FETT 46 G — DAVON GESÄTTIGTE FETTSÄUREN 8 G
KOHLENHYDRATE 85 G — DAVON ZUCKER 14 G — EIWEISS 47 G — SALZ 2,9 G

TABOULÉ-SALAT MIT DORADE UND HARISSA-JOGHURT

Taboulé ist ein herrlich frischer Bulgursalat aus der libanesischen Küche, mit Tomaten, Minze, Petersilie und anderen frischen Kräutern und Gewürzen. Mit den Doradenfilets verwandeln wir diese Beilage in ein vollständiges Hauptgericht. Die Dorade wird zuerst auf der Hautseite gebraten, dann wird sie besonders knusprig.

FÜR 2 PERSONEN
ZUBEREITUNGSZEIT 25 MINUTEN

70 g feiner Bulgur
1 EL Pinienkerne
1 Bund glatte Petersilie, Blätter sehr fein gehackt
1 Bund Minze, Blätter fein gehackt
2 Tomaten, Samen entfernt, klein gewürfelt
½ rote Zwiebel, fein gehackt
3 Frühlingszwiebeln, fein gehackt
1 TL Kreuzkümmelsamen, im Mörser gemahlen
1 EL Granatapfelmelasse
Saft von 1 Zitrone
Olivenöl extra vergine
Salz und frisch gemahlener schwarzer Pfeffer
2 Doradenfilets mit Haut à etwa 90 g

FÜR DEN HARISSA-JOGHURT:
1 EL Olivenöl extra vergine
abgeriebene Schale und Saft von ½ unbehandelten Zitrone
1 EL grünes Harissa
4 EL Naturjoghurt
Salz und frisch gemahlener schwarzer Pfeffer

Den Bulgur nach Packungsanweisung zubereiten. Alternativ den Bulgur in einer Schüssel mit 70 ml kochendem Wasser übergießen und bei aufgesetztem Deckel 20 Minuten quellen lassen. Mit einer Gabel auflockern und abkühlen lassen.

Inzwischen die Pinienkerne in einer Pfanne ohne Fett bei mittlerer Temperatur goldbraun rösten und auf einem Teller abkühlen lassen.

Für den Harissa-Joghurt das Öl mit Zitronenabrieb und -saft, Harissa und Joghurt verrühren. Mit Salz und Pfeffer würzen. Beiseitestellen.

Den abgekühlten Bulgur mit Petersilie, Minze, Tomaten, Zwiebel, Frühlingszwiebeln und Kreuzkümmelsamen mischen. Granatapfelmelasse, Zitronensaft und nach Belieben 2–3 EL Öl hinzufügen. Alles gut vermischen und mit Salz und Pfeffer würzen.

Die Doradenfilets von jeder Seite mit Salz würzen. In einer Pfanne 1 EL ÖL auf mittlere Temperatur erhitzen. Die Doradenfilets mit der Haut nach unten 2–3 Minuten braten, ohne die Fischfilets zu bewegen. Dann wenden und weitere 1–2 Minuten braten. Die Fischfilets aus der Pfanne heben, in Stücke schneiden und abkühlen lassen.

Den Bulgur auf eine Servierplatte oder -schale geben und mit den Fischstücken mischen. Mit Pinienkernen bestreuen, mit etwas Harissa-Joghurt-Sauce beträufeln und die restliche Sauce dazu servieren.

ENERGIE 2445 KJ / 590 KCAL — FETT 36 G — DAVON GESÄTTIGTE FETTSÄUREN 6 G
KOHLENHYDRATE 38 G — DAVON ZUCKER 7 G — EIWEISS 24 G — SALZ 0,1 G

KEDGEREE MIT GEMÜSE UND SCHELLFISCH

Kedgeree (»Kitchiri«) ist ein gewürztes Reisgericht mit Linsen, das ursprünglich aus Indien kommt. Die Engländer haben das Gericht auf ihre Weise verändert und die Linsen durch Fisch und hart gekochte Eier ersetzt.

FÜR 2 PERSONEN
ZUBEREITUNGSZEIT 60 MINUTEN

1 Zwiebel, grob gehackt
1 Zucchini, in grobe Stücke geschnitten
2 Stangen grüner Spargel, holzige Enden entfernt, in grobe Stücke geschnitten
½ Aubergine, in grobe Stücke geschnitten
2 EL Sonnenblumenöl
1 TL Currypulver
½ TL gemahlene Kurkuma
½ TL geriebene Muskatnuss
Salz
15 g Butter
1 Stück Ingwer (2 cm), geschält und fein gehackt
½ rote Chilischote, Samen entfernt, fein gehackt
1 Knoblauchzehe, fein gehackt
125 g Basmatireis, abgespült
500 ml Milch
2 Schellfischfilets mit Haut à 120–150 g, in grobe Stücke geschnitten
2 Lorbeerblätter
6 schwarze Pfefferkörner
2 Eier
Saft von ¼ Zitrone
2 Stängel Petersilie, Blätter grob gehackt
frisch gemahlener schwarzer Pfeffer

Den Backofen auf 190 °C Ober-/Unterhitze vorheizen.

In einer Schüssel Zwiebel, Zucchini, Spargel und Aubergine mit dem Öl mischen. Curry, Kurkuma, Muskatnuss und eine Prise Salz untermischen. Das Gemüse in einer Auflaufform verteilen und im vorgeheizten Backofen 30–40 Minuten goldbraun und gar rösten.

Inzwischen die Butter in einer Pfanne zerlassen und Ingwer, Chili und Knoblauch 2 Minuten braten, ohne dass sie Farbe annehmen. Den Reis und eine Prise Salz unterrühren. Gerade so viel kaltes Wasser hinzufügen, dass der Reis fingerbreit bedeckt ist. Zum Kochen bringen und 8 Minuten bei geringer Temperatur köcheln lassen. Den Herd ausschalten und den Reis 5 Minuten bei aufgesetztem Deckel stehen lassen. Dann den Reis mit einer Gabel auflockern. Sollte er zu trocken sein, noch etwas Garflüssigkeit vom Fisch (siehe unten) unterrühren. Den Reis warm halten.

Milch, Schellfisch, Lorbeer und Pfefferkörner in einem Topf bei mittlerer Temperatur aufkochen, dann den Herd ausschalten. Den Fisch nach 6 Minuten aus der aromatisierten Milch nehmen und beiseitestellen.

In einem Topf Wasser zum Kochen bringen und die Eier in 7 Minuten hart kochen. Die Eier unter fließendem kaltem Wasser abschrecken, pellen und vierteln.

Das Gemüse aus dem Backofen nehmen und mitsamt dem aromatisierten Öl aus der Auflaufform mit dem Reis mischen. Den Schellfisch unterheben.

Das Kedgeree auf einer Servierplatte anrichten. Mit Zitronensaft beträufeln, mit Petersilie bestreuen und mit Salz und Pfeffer würzen. Mit den Eivierteln garnieren.

ENERGIE 2510 KJ / 600 KCAL — FETT 17 G — DAVON GESÄTTIGTE FETTSÄUREN 3 G
KOHLENHYDRATE 61 G — DAVON ZUCKER 12 G — EIWEISS 48 G — SALZ 0,6 G

QUINOA-SALAT MIT PETERMÄNNCHEN UND CHIMICHURRI

Genau wie »vergessenes Gemüse« gibt es auch »vergessene Fische«: Fischarten aus der Nordsee, die wir viel zu wenig verwenden. Wie etwa Wittling, Franzosendorsch, Grauer Knurrhahn oder auch das Petermännchen in diesem Gericht. Bestellen Sie den köstlichen Fisch beim Fischhändler, möglichst nachhaltig gefangen. In diesem Rezept serviere ich diesen Fisch mit einem Quinoa-Salat und meiner Version einer Chimichurri.

FÜR 2 PERSONEN
ZUBEREITUNGSZEIT 30 MINUTEN

Olivenöl zum Braten
300 g Flaschenkürbis, entkernt und in 1 cm große Würfel geschnitten
200 g Romanescoröschen
1 Spitzpaprika, Samen entfernt, gewürfelt
Salz und frisch gemahlener schwarzer Pfeffer
100 g Quinoa (ich verwende hier schwarze, aber jede Sorte ist geeignet)
50 g Blattspinat
2 Stängel glatte Petersilie, Blätter grob gehackt
abgeriebene Schale und Saft von ¼ unbehandelten Zitrone
2 Petermännchenfilets mit Haut à 120–150 g

FÜR DIE CHIMICHURRI:
2 rote Chilischoten, längs halbiert und Samen entfernt
Olivenöl zum Braten
1 EL Tomatenmark
1 TL grobes Salz
2 TL schwarze Pfefferkörner
8 Knoblauchzehen
2 TL frische Oreganoblätter
5 Stängel glatte Petersilie, Blätter abgezupft
6 Sardellenfilets (aus dem Glas oder der Dose)
2 TL Rotweinessig

Für die Chimichurri etwas Wasser in einem Topf aufkochen, dann die Temperatur reduzieren, sodass das Wasser sprudelt, aber nicht stark kocht. Die Chilischoten 5 Minuten ins Wasser legen, wieder herausnehmen und mit Küchenpapier trocken tupfen. Die Haut abziehen. In einer Pfanne einen Spritzer Öl erhitzen. Bei geringer Temperatur das Tomatenmark unter Rühren im Öl anschmoren. Salz, Pfefferkörner und Knoblauch im Mörser zu einer dicksämigen Paste verarbeiten. Chilischoten, Oregano, Petersilie und Sardellen hinzufügen und nochmals alles zu einer dicksämigen Paste verarbeiten. Tomatenmark und Essig untermischen. Beiseitestellen.

In einer Pfanne 2 EL Öl bei mittlerer Temperatur erhitzen. Kürbis, Romanesco und Paprika hinzufügen und alles mit Salz und Pfeffer würzen. Bei aufgesetztem Deckel das Gemüse etwa 20 Minuten garen – dabei gelegentlich umrühren. Sollte das Gemüse beim Garen zu trocken werden, noch etwas Wasser hinzugießen.

Inzwischen die Quinoa in einem Topf mit reichlich kaltem Wasser zum Kochen bringen und bei geringer Temperatur etwa 12 Minuten köcheln lassen. Die Quinoa in ein Sieb abgießen und trocknen lassen. Anschließend zur Kürbis-Paprika-Mischung geben und Blattspinat, Petersilie, Zitronenabrieb und -saft untermischen. Noch einen Spritzer Öl hinzufügen und mit Salz und Pfeffer würzen.

Die Petermännchenfilets von beiden Seiten mit Salz würzen. In einer Pfanne 2 EL Öl auf mittlere Temperatur erhitzen und die Fischfilets mit der Haut nach unten 2–3 Minuten braten, dabei nicht bewegen. Dann wenden und auf der anderen Seite 1 Minute braten. Den Fisch nicht mehr wenden, damit die Haut schön knusprig bleibt.

Den Quinoa-Salat mit den Petermännchenfilets und der Chimichurri servieren.

ENERGIE 2870 KJ / 685 KCAL — FETT 37 G — DAVON GESÄTTIGTE FETTSÄUREN 5 G
KOHLENHYDRATE 41 G — DAVON ZUCKER 11 G — EIWEISS 43 G — SALZ 4,1 G

RISOTTO MIT LAUCH, FENCHEL UND SCHWERTMUSCHELN

Schwertmuscheln ähneln den beliebten Vongole, aber sie werden weniger häufig serviert. Sie stehen senkrecht auf dem sandigen Meeresboden. Schwierig zu fangen, aber überaus köstlich. Darum bereite ich auch diesen Risotto mit Schwertmuscheln zu. Das Fleisch der gegarten Schwertmuscheln schneide ich in kleine mundgerechte Stücke.

FÜR 2 PERSONEN
ZUBEREITUNGSZEIT 40 MINUTEN

400 g Schwertmuscheln
50 g Butter
1 Schalotte, fein gehackt
1 Stange Lauch, in feine Ringe geschnitten
½ Knolle Fenchel, fein geschnitten, das Fenchelgrün aufbewahrt
1 Knoblauchzehe, fein gehackt
150 g Risottoreis (Arborio- oder Carnaroli-Reis)
60 ml Weißwein
etwa 300 ml Fischbrühe (siehe Seite 232)
etwa 300 ml Gemüsebrühe (siehe Seite 232)
60 g Erbsen (TK oder gegart)
2 Stängel Petersilie, Blätter grob gehackt
Salz und frisch gemahlener schwarzer Pfeffer
1 Handvoll wilder Fenchel, grob geschnitten (nach Belieben)

TIPP — Ich verwende die Spitzen der Schwertmuscheln und entferne den dunklen unteren Teil.

Die Schwertmuscheln unter fließendem kaltem Wasser kurz abspülen.

Die Schwertmuscheln nebeneinander in eine Pfanne legen. Dabei sollte ausreichend Abstand zwischen den Muscheln sein, damit sie Platz haben, um sich zu öffnen. Dann 2 EL Wasser hinzufügen, bei mittlerer Temperatur erhitzen und den Deckel auflegen. Nach 2–3 Minuten kontrollieren, ob die Schwertmuscheln sich geöffnet haben. Ungeöffnete Exemplare wegwerfen. Die Schwertmuscheln aus dem Topf nehmen, eventuell Sandreste abspülen und das Muschelfleisch in 3 cm große Stücke schneiden.

In einem hohen Topf die Hälfte der Butter bei mittlerer Temperatur zerlassen und darin Schalotte, Lauch und Fenchel 2–3 Minuten anschwitzen. Den Knoblauch hinzufügen und 1 Minute mitbraten. Den Reis unterrühren, bis die Körner glasig sind. Den Wein hinzugießen und unter Rühren einkochen. Die Fisch- und die Gemüsebrühe mischen. Sobald der Wein aufgenommen ist, einen großzügigen Löffel der Brühemischung hinzufügen und warten, bis der Reis die Flüssigkeit aufgenommen hat. Dann nach und nach die restliche Brühemischung dazugeben; nach etwa 20 Minuten ist der Risotto gar. Schwertmuscheln, Erbsen, Petersilie und die restliche Butter (25 g) hinzufügen und alles vorsichtig mischen. Mit Salz und Pfeffer würzen. Nach Belieben mit wildem Fenchel und mit Fenchelgrün garnieren.

ENERGIE 2690 KJ / 645 KCAL — FETT 24 G — DAVON GESÄTTIGTE FETTSÄUREN 15 G
KOHLENHYDRATE 76 G — DAVON ZUCKER 4 G — EIWEISS 30 G — SALZ 2,8 G

PESCE IN SAOR MIT PERL-COUSCOUS

Sarde in saor ist ein klassisches venezianisches Gericht aus süßsauren Sardinen mit Rosinen und langsam gegarten Zwiebeln. Traditionell wird dieses Gericht kalt serviert, aber es schmeckt auch lauwarm überaus köstlich. Statt der Sardinen können Sie verschiedene andere Fische verwenden, dann wird *pesce in saor* daraus. Ich selbst nehme in diesem Gericht Dorade. Die süßsaure Zwiebelmischung schmeckt gut zum Perl-Couscous.

FÜR 2 PERSONEN
ZUBEREITUNGSZEIT 45 MINUTEN

mildes Olivenöl zum Braten
4 große Zwiebeln, in Ringe geschnitten
3 EL Rosinen
1 EL Pinienkerne
½ Zucchini, fein gewürfelt
6 EL Weißweinessig
4 Zweige Thymian, Blätter abgestreift, plus etwas mehr für die Garnitur
75 g Perl-Couscous
2 Doradenfilets mit Haut à 90 g
Salz und frisch gemahlener schwarzer Pfeffer

In einer Pfanne 3 EL Öl auf mittlere Temperatur erhitzen und die Zwiebeln unter Rühren 4 Minuten darin anschwitzen, bis sie weich sind, aber keine Farbe angenommen haben. Unter Rühren Rosinen, Pinienkerne und Zucchini hinzufügen. Nach 2 Minuten mit dem Essig ablöschen und den Thymian dazugeben. Die Temperatur reduzieren und die Mischung 15 Minuten unter Rühren leicht köcheln lassen.

In der Zwischenzeit in einem Topf reichlich Wasser aufkochen und den Perl-Couscous nach Packungsanweisung garen. In einem Sieb abtropfen lassen, dann zur Zwiebelmischung hinzufügen und untermischen.

Die Fischfilets alle 2–3 cm am Rand einschneiden und beidseitig mit Salz bestreuen.

In einer Pfanne 1 EL Öl auf mittlere Temperatur erhitzen. Die Fischfilets auf der Hautseite 2–3 Minuten darin braten, ohne sie zu bewegen, dann wenden und 1–2 Minuten auf der anderen Seite braten. Den Fisch dann nicht mehr wenden, damit die Haut schön knusprig bleibt.

Die Zwiebel-Couscous-Mischung auf einer Servierplatte anrichten und die Doradenfilets auflegen. Mit Thymian garnieren.

ENERGIE 2585 KJ / 620 KCAL — FETT 30 G — DAVON GESÄTTIGTE FETTSÄUREN 5 G
KOHLENHYDRATE 57 G — DAVON ZUCKER 25 G — EIWEISS 27 G — SALZ 0 G

ROTE LINSEN MIT RÖSTPAPRIKA UND WITTLING

Rote Linsen haben im Vergleich zu anderen Linsen einen leicht süßlichen und meist nussartigen Geschmack. Auf die Garzeit achten: Bei zu langer Garzeit werden die Linsen musig.

FÜR 2 PERSONEN
ZUBEREITUNGSZEIT 60 MINUTEN

6 rote Paprikaschoten
Olivenöl extra vergine
Salz
½ Kürbis, geschält und entkernt, in 2 cm große Stücke geschnitten
1 Schalotte, fein gehackt
½ Chilischote, Samen entfernt, fein gehackt
2 Knoblauchzehen, 1 Zehe fein gehackt und 1 Zehe halbiert
250 g geschälte Tomaten (aus der Dose)
½ Bund Basilikum, Blätter abgezupft (einige Blätter für die Garnitur aufbewahren)
frisch gemahlener schwarzer Pfeffer
200 g rote Linsen
1 Zweig Thymian
1 Lorbeerblatt
2 Wittlingfilets mit Haut à 90 g
2 Zweige frischer Majoran (oder Oregano), Blätter abgezupft

Den Backofen auf 230 °C Ober-/Unterhitze vorheizen.

Ein Backblech mit Backpapier auslegen. Die Paprika darauf verteilen, mit etwas Öl beträufeln und mit Salz bestreuen. Im vorgeheizten Backofen 15–20 Minuten rösten, bis sie schwarz werden und Blasen werfen. Die Paprika abkühlen lassen und dann die Haut abziehen. Die Samen entfernen und vier Schoten in grobe Stücke und zwei in Streifen schneiden.

Den Backofen auf 180 °C abkühlen lassen. Ein Backblech mit Backpapier auslegen und den Kürbis darauf verteilen. Mit etwas Öl beträufeln und 30 Minuten im Backofen rösten. Den Backofen ausschalten, doch den Kürbis im Backofen ruhen lassen.

In einer Pfanne 1 EL Öl auf mittlere Temperatur erhitzen und Schalotte und Chili 1 Minute anschwitzen, den gehackten Knoblauch hinzufügen und 1 Minute mitbraten. Die Paprikastücke (nicht die Streifen) und die geschälten Tomaten dazugeben und alles 10 Minuten bei geringer Temperatur köcheln lassen. Das Basilikum hinzufügen und die Sauce mit dem Stabmixer pürieren. Mit Salz und Pfeffer würzen.

Linsen, Thymian, Lorbeer und Knoblauchhälften in einen Topf geben und gerade so viel Wasser hinzugießen, dass sie gut bedeckt sind; Salz ist nicht nötig. Aufkochen, die Temperatur reduzieren und die Linsen in 18–20 Minuten bissfest garen (oder nach Packungsanweisung zubereiten). Zwischendurch vorsichtig umrühren. Die Linsen in ein Sieb abgießen und Thymian, Knoblauch und Lorbeer entfernen.

Die Wittlingfilets von jeder Seite mit Salz würzen. In einer Pfanne 1 EL Öl auf mittlere Temperatur erhitzen. Die Fischfilets zuerst auf der Hautseite braten, ohne sie zu bewegen, dann nach 2–3 Minuten wenden und auf der anderen Seite 1–2 Minuten braten.

Die Linsen mit der Paprika-Tomaten-Sauce, den Paprikastreifen und den Kürbisstücken mischen. Mit den Wittlingfilets servieren. Mit Majoran (oder Oregano) sowie Basilikum garnieren.

ENERGIE 3515 KJ / 840 KCAL — FETT 34 G — DAVON GESÄTTIGTE FETTSÄUREN 5 G
KOHLENHYDRATE 71 G — DAVON ZUCKER 27 G — EIWEISS 47 G — SALZ 1,1 G

CURRYS & SCHMOR-GERICHTE

Ich liebe Currypasten. Während bei vielen Gerichten im Laufe des Garprozesses die Aromen nach und nach hinzugefügt werden, bestimmt eine Currypaste direkt den Geschmack und Charakter eines Gerichts. Kochen in einer anderen Reihenfolge sozusagen. Bei Schmorgerichten baut sich die Intensität des Geschmacks erst nach und nach auf.

GELBES CURRY MIT THAI-GEMÜSE UND MIESMUSCHELN

Bei uns zu Hause sind Muscheln klare Favoriten. Sie werden in wenig Flüssigkeit gedämpft (besser nicht kochen!). Die salzige Muschelflüssigkeit, die dabei entsteht, ist eine großartige Würze für eine Brühe oder Sauce. In diesem Fall dämpfen wir die Miesmuscheln im Curry mit Kokosmilch, sodass die Flüssigkeit der Miesmuscheln dem Gericht sofort Geschmack verleiht.

FÜR 2 PERSONEN
ZUBEREITUNGSZEIT 20 MINUTEN

1 kg Miesmuscheln
1 EL Olivenöl zum Braten
1 rote Zwiebel, in Ringe geschnitten
1 Stängel Zitronengras, zerquetscht
1 Pak Choi, Enden entfernt, in Stücke geschnitten
100 g Brokkolini, in Röschen geteilt, Stiele grob geschnitten
2 EL gelbe Currypaste (siehe Seite 234)
200 g Kokosmilch
2 Stängel Thai-Basilikum, Blätter abgezupft
½ Limette, in Spalten geschnitten

Beschädigte Miesmuscheln sofort entfernen. Geöffnete Exemplare kontrollieren und diese auf einen harten Untergrund (z. B. ein Schneidebrett) schlagen; die Exemplare, die sich nicht schließen, wegwerfen.

In einem Muscheltopf oder in einem hohen Topf das Öl auf mittlere Temperatur erhitzen und Zwiebel und Zitronengras 2–3 Minuten darin anschwitzen. Pak Choi und Brokkolini hinzufügen und 1 Minute mitbraten. Die Currypaste untermischen und 1 Minute mitschmoren. Die Kokosmilch hinzugießen und alles gut vermischen. Die Temperatur erhöhen und die Miesmuscheln hineingeben. Gut umrühren und bei aufgesetztem Deckel die Miesmuscheln 3–5 Minuten dämpfen, bis sie sich öffnen, zwischendurch einmal umrühren.

Die Miesmuscheln im Topf oder in einer Schale servieren und mit Basilikum und Limettenspalten garnieren.

ENERGIE 1900 KJ / 455 KCAL — FETT 28 G — DAVON GESÄTTIGTE FETTSÄUREN 16 G
KOHLENHYDRATE 22 G — DAVON ZUCKER 9 G — EIWEISS 25 G — SALZ 1,1 G

GEMÜSE-EINTOPF MIT SAFRAN UND SEETEUFEL

Beim Pochieren wird der Fisch bei geringer Temperatur in heißer, aber nicht kochender Flüssigkeit langsam gegart. Es ist eine der besten Möglichkeiten, um einen delikaten Fisch wie den Seeteufel zuzubereiten. Wenn der Fisch zu heiß gegart wird, würde das Eiweiß stocken. Dann sind kleine weiße Kügelchen oder Stückchen außen am Fisch zu erkennen. Kartoffeln und Gemüse müssen in diesem Eintopf, einer abstrakten Variante der Bouillabaisse, länger als der Seeteufel garen.

FÜR 2 PERSONEN
VORBEREITUNGSZEIT 30 MINUTEN
ZUBEREITUNGSZEIT 40 MINUTEN

10 Safranfäden
50 ml Weißwein
8 hauchdünne Baguettescheiben
1 EL mildes Olivenöl zum Braten
1 Schalotte, fein gehackt
1 Knoblauchzehe, fein gehackt
1 Stange Lauch, in feine Ringe geschnitten
½ Knolle Fenchel, in Ringe geschnitten
2 festkochende Kartoffeln, geschält und in 2 cm große Würfel geschnitten
10 Kirschtomaten, halbiert
500 ml Gemüsebrühe (siehe Seite 232)
etwa 250 g Seeteufelfilet, in Stücke geschnitten
2 Stängel Dill, von 1 Stängel Blätter abgezupft und gehackt
3 Stängel glatte Petersilie, Blätter fein gehackt
Salz und frisch gemahlener schwarzer Pfeffer

FÜR DIE ROUILLE:
½ Scheibe Weißbrot, Kruste entfernt, in kleine Stücke zerteilt
1 Knoblauchzehe, grob gehackt
5 Safranfäden
½ TL Cayennepfeffer
1 Eigelb
125 ml mildes Olivenöl
Zitronensaft und Salz

Den Backofen auf 180 °C Ober-/Unterhitze vorheizen.

Den Safran 15–30 Minuten im Weißwein einlegen, damit Aroma und Farbe in den Wein einziehen können.

Die Rouille, wie im Rezept auf Seite 237 beschrieben, zubereiten.

Ein Backblech mit Backpapier auslegen und die Baguettescheiben darauf verteilen. Im vorgeheizten Backofen in 4–6 Minuten goldbraun und knusprig rösten. Herausnehmen und abkühlen lassen.

In einem Suppentopf das Öl erhitzen und die Schalotte darin 1–2 Minuten anschwitzen. Knoblauch, Lauch und Fenchel hinzufügen und 2–3 Minuten mitbraten. Die Kartoffeln hinzufügen, kurz umrühren und dann mit dem mit Safran aromatisierten Weißwein ablöschen. Die Tomaten untermischen, die Temperatur reduzieren, die Brühe hinzugießen und alles 10 Minuten köcheln lassen. Seeteufel, gehackten Dill und Petersilie hinzufügen. Nach 4–6 Minuten kontrollieren, ob die Kartoffeln ausreichend gegart sind: Wenn sie mit einer Messerspitze leicht eingestochen werden können, sind sie gar. Den Eintopf mit Salz und Pfeffer würzen. Mit dem Dillstängel garnieren und das geröstete Brot und die Rouille dazu servieren.

ENERGIE 4030 KJ / 975 KCAL — FETT 75 G — DAVON GESÄTTIGTE FETTSÄUREN 12 G
KOHLENHYDRATE 38 G — DAVON ZUCKER 8 G — EIWEISS 29 G — SALZ 2,8 G

CHRAIME
MIT AUBERGINE, FENCHEL UND SCHOLLENFILET

Dieses Rezept ist von dem Buch *TLV* des Foodjournalisten Jigal Krant inspiriert, der mir die lebendige israelische Küche näherbrachte. Das Gemüse wird mit allerlei Aromen lange bei geringer Temperatur geschmort. Der Fisch gart sanft in der Gemüsesauce.

FÜR 2 PERSONEN
ZUBEREITUNGSZEIT 75 MINUTEN

mildes Olivenöl zum Braten
2 Paprikaschoten, Samen entfernt, in 3 cm große Stücke geschnitten
1 Chilischote, Samen entfernt, in feine Ringe geschnitten
2 gesalzene Sardellenfilets (aus dem Glas oder aus der Dose)
4 Knoblauchzehen, grob gehackt
½ Aubergine, in 2 cm große Stücke geschnitten
1 Knolle Fenchel, grob geschnitten
2 TL Kreuzkümmelsamen
1 TL Fenchelsamen
1 TL Kümmelsamen
½ EL geräuchertes Paprikapulver
1 EL Tomatenmark
1 Dose geschälte Tomaten (400 g)
1 Lorbeerblatt
250 ml Fischbrühe (siehe Seite 232)
Salz und frisch gemahlener schwarzer Pfeffer
Saft von ½ Zitrone
2 Schollenfilets à 100 g
3 Stängel Koriander, Blätter abgezupft

FÜR DIE TECHINA:
Saft von ½ Zitrone
1 Knoblauchzehe, durchgepresst oder fein gehackt
2 EL Tahin (Sesampaste)

In einer tiefen Pfanne mit schwerem Boden einen Spritzer Öl erhitzen und Paprika, Chili, Sardellen, Knoblauch, Aubergine und Fenchel darin anschwitzen, bis alles weich ist, aber keine Farbe angenommen hat.

Kreuzkümmel-, Fenchel- und Kümmelsamen in einem Mörser fein vermahlen und mit dem Paprikapulver mischen. Zusammen mit dem Tomatenmark zum Gemüse hinzufügen. In einer Schüssel die geschälten Tomaten mit dem Kartoffelstampfer fein zerdrücken und in die Pfanne geben. Das Lorbeerblatt hinzufügen und die Sauce bei geringer Temperatur 40–45 Minuten leicht köcheln lassen. Sobald die Sauce dicksämig wird, immer wieder eine Suppenkelle Fischbrühe hinzufügen. Die Sauce mit Salz und Pfeffer abschmecken und Zitronensaft (Menge nach Geschmack) hinzufügen.

Die Schollenfilets in die Sauce legen. Den Fisch 10–15 Minuten bei geringer Temperatur in der leicht köchelnden Sauce garen.

Für die Techina inzwischen Zitronensaft und Knoblauch mit dem Tahin verrühren. Die Sauce sollte dicksämig sein. Daraus ein Dressing anrühren; dazu mit dem Schneebesen tröpfchenweise Wasser untermischen.

Die Chraime mit Korianderblättern bestreuen und mit der Techina servieren.

ENERGIE 1870 KJ / 450 KCAL — FETT 26 G — DAVON GESÄTTIGTE FETTSÄUREN 4 G
KOHLENHYDRATE 21 G — DAVON ZUCKER 16 G — EIWEISS 27 G — SALZ 3 G

GEMÜSE-TAJINE MIT RAS EL-HANOUT UND HEILBUTT

Genau wie Mounir Toub, der ungekrönte König der marokkanischen Küche in den Niederlanden, koche ich regelmäßig für *MAX*. Durch Mounir habe ich mich intensiver mit der marokkanischen Küche beschäftigt und ihre wunderbaren, verschiedenen, subtilen Aromen und ihr Gespür für Einfachheit kennengelernt. Diese Tajine bereite ich mit Heilbutt zu. Das Gericht erinnert mich an meine Reisen nach Marokko und ist eine Hommage an Mounir.

FÜR 2 PERSONEN
ZUBEREITUNGSZEIT 50 MINUTEN

mildes Olivenöl zum Braten
2 Zwiebeln, in feine Ringe geschnitten
1 Knoblauchzehe, in Scheiben geschnitten
½ Aubergine, in 3 cm große Stücke geschnitten
1 Paprikaschote, Samen entfernt, in Streifen geschnitten
8 Stängel Petersilie, Blätter abgezupft, Stängel grob gehackt
1 TL Ras el-Hanout
1 EL getrocknete Rosenblätter (nach Belieben)
1 Prise Cayennepfeffer
1 große Tomate, grob geschnitten
100 g festkochende Kartoffeln, in ½ cm dicke Scheiben geschnitten, abgespült und trocken getupft
400 ml Gemüsebrühe (siehe Seite 232)
Salz und frisch gemahlener schwarzer Pfeffer
200 g Heilbuttfilet, in 2 Stücke geschnitten
Schale von ½ eingelegten Zitrone (siehe Seite 237), in feine Streifen geschnitten
1 EL Rosinen
1 EL grob gehackte Haselnusskerne

Eine Keramik-Tajine auf mittlere Temperatur erhitzen oder stattdessen eine breite flache Pfanne verwenden. Einen großzügigen Spritzer Öl hineingeben und die Zwiebeln unter Rühren 5 Minuten weich und leicht süßlich anschwitzen.

Knoblauch, Aubergine und Paprika hinzufügen und 5 Minuten mitbraten. Eventuell noch etwas Öl hinzufügen, denn der Knoblauch darf nicht anbrennen. Die Petersilienstängel unterrühren. Alles auf eine Seite der Tajine oder Pfanne schieben und auf der leeren Seite das Ras el-Hanout und nach Belieben die Rosenblätter 1 Minute anbraten.

Den Inhalt der Tajine oder Pfanne mischen. Cayennepfeffer, Tomate und Kartoffeln hinzufügen und alles gut umrühren. Die Gemüsebrühe hinzugießen und bei aufgesetztem Deckel 10–12 Minuten bei geringer Temperatur leicht köcheln lassen.

Den Deckel abnehmen und das Gemüse mit Salz und Pfeffer würzen. Die Heilbuttfilet-Stücke mit der Zitronenschale und den Rosinen in die Tajine oder Pfanne legen. Etwas Sauce darüberlöffeln, sodass der Fisch gerade bedeckt ist. Bei aufgesetztem Deckel den Fisch in 4–6 Minuten durchgaren.

Den Deckel abnehmen und kontrollieren, ob die Kartoffeln gar sind: Wenn sich die Kartoffeln mit der Messerspitze leicht einstechen lassen, sind sie ausreichend gegart. Das Gericht mit Petersilienblättern und Haselnüssen bestreuen.

ENERGIE 2290 KJ / 550 KCAL — FETT 37 G — DAVON GESÄTTIGTE FETTSÄUREN 6 G
KOHLENHYDRATE 26 G — DAVON ZUCKER 16 G — EIWEISS 25 G — SALZ 1,9 G

GRÜNES THAI-CURRY MIT TIGERGARNELEN

Rotes, grünes oder gelbes Thai-Curry? Der Unterschied liegt vor allem in der Farbe der Chilischoten, die für die Currypaste verwendet werden. Jede Chilischote hat ihren ganz eigenen Charakter. Grüne und gelbe Chilis sind häufig etwas milder als die roten und daher ideal für Gemüsegerichte mit Fisch.

FÜR 2 PERSONEN
ZUBEREITUNGSZEIT 20 MINUTEN

200 g Basmati- oder Pandan-Reis
Salz
150 g Zuckerschoten, Fäden entfernt
2 EL mildes Olivenöl zum Braten
8 große geschälte Tigergarnelen, Kopf und Darm entfernt
½ rote Zwiebel, grob gehackt
2 EL grüne Currypaste (siehe Seite 234)
100 g Brokkolini
½ Pak Choi, in grobe Stücke geschnitten
200 g Kokosmilch
40 g Sprossen
1 EL grob gehackte Cashewkerne
2 Stängel Thai-Basilikum, Blätter abgezupft
½ Limette, in Spalten geschnitten

Den Reis in einem Sieb abspülen und in einen Topf geben. Gerade so viel Wasser hinzugießen, dass der Reis fingerbreit bedeckt ist. Eine kräftige Prise Salz hinzufügen und den Reis aufkochen. Die Temperatur reduzieren und den Reis bei aufgesetztem Deckel 8 Minuten garen. Den Herd ausschalten, den Reis umrühren und bei aufgesetztem Deckel warm halten.

Eine Schüssel mit Eiswasser vorbereiten. In einem Topf Wasser mit einer Prise Salz aufkochen und die Zuckerschoten 4–5 Minuten darin blanchieren. Herausheben und im Eiswasser abkühlen lassen.

In einer Pfanne 1 EL Öl auf mittlere Temperatur erhitzen und die Garnelen darin 1–2 Minuten von jeder Seite braten. Die Garnelen aus der Pfanne heben und beiseitestellen.

In einem Wok oder in einer Pfanne bei mittlerer Temperatur das restliche Öl (1 EL) erhitzen und die Zwiebel 1–2 Minuten anschwitzen. Die Currypaste hinzufügen und 1 Minute mitanschwitzen. Brokkolini und Pak Choi dazugeben und 1 Minute braten. Die Kokosmilch und die Zuckerschoten hinzufügen. Die Temperatur reduzieren und das Curry 4–5 Minuten köcheln lassen, sodass die Aromen gut einziehen. Immer wieder umrühren. Zuletzt Garnelen und Sprossen untermischen.

Das Curry mit Cashewkernen, Thai-Basilikum und Limettenspalten garnieren und den Reis dazu servieren.

ENERGIE 3530 KJ / 850 KCAL — FETT 34 G — DAVON GESÄTTIGTE FETTSÄUREN 16 G
KOHLENHYDRATE 90 G — DAVON ZUCKER 6 G — EIWEISS 38 G — SALZ 2,1 G

BARBECUE

Wenn Kohlenhydrate mit einer Aminosäure reagieren, kommt es zur sogenannten Maillard-Reaktion. Diese Reaktion ist für die appetitliche Farbe, aber auch für den köstlichen Geschmack und die schöne Struktur von beispielsweise Brot oder gegrilltem Fisch oder Fleisch verantwortlich. Je höher die Temperatur, desto stärker die Reaktion. Und daher entsteht beim Grillen dieser besondere zusätzliche Geschmack, den wir alle so sehr mögen. In diesem Kapitel finden Sie eine Auswahl an herrlichen Gemüse-Fisch-Rezepten, die Sie auf dem Grill zubereiten können. Sie haben keinen Grill? Dann gelingen die Gerichte auch (fast) genauso gut in der Grillpfanne.

ALGEN-LACHS-BURGER MIT SELLERIE-REMOULADE

Seit ich die Welt des Fisches kennengelernt habe, lasse ich mich nicht nur durch Fische sowie Schalen- und Krustentiere inspirieren, sondern auch von der großen Auswahl an Algen, die der Ozean in Fülle zu bieten hat. Algen sind nicht nur ausgesprochen köstlich, sondern auch gesund, da sie viel Eisen, Ballaststoffe und Eiweiß enthalten.

FÜR 2 PERSONEN
ZUBEREITUNGSZEIT 60 MINUTEN

15 g getrocknete Wakame (Algen)
25 g Butter
1 Stange Lauch, in feine Ringe geschnitten
Salz und frisch gemahlener schwarzer Pfeffer
30 g Kichererbsen (aus der Dose)
1 TL grüne Currypaste (siehe Seite 234)
½ Schalotte, sehr fein gehackt
100 g Lachsfilet ohne Haut, in kleine Stücke geschnitten
1 Ei
1 EL Panko (japanische Semmelbrösel)
150 ml Weißweinessig
1 TL Zucker
1 rote Zwiebel, in Ringe geschnitten
mildes Olivenöl zum Grillen
2 Burger-Brötchen, waagerecht halbiert
4 Blätter Eisbergsalat

FÜR DIE SELLERIE-REMOULADE:
1 Stange Sellerie
1 Gewürzgurke, fein gehackt
1 Schalotte, fein gehackt
4 EL Mayonnaise
einige Spritzer Tabasco
einige Spritzer Zitronensaft
Salz und frisch gemahlener schwarzer Pfeffer

Die Wakame in einer Schüssel mit 500 ml heißem Wasser einweichen und 10 Minuten quellen lassen. Dann 5 Minuten in einem Sieb abtropfen und abkühlen lassen. Die Restflüssigkeit mit den Händen herausdrücken und die Wakame in 1 cm große Stücke schneiden. Beiseitestellen. In der Zwischenzeit die Butter in einer Pfanne auf mittlere Temperatur erhitzen. Die Lauchringe hineingeben und gut umrühren, 2 EL Wasser untermischen und den Lauch 10 Minuten bei aufgesetztem Deckel schmoren. Den Lauch abkühlen lassen, mit Salz und Pfeffer würzen und beiseitestellen.

Die Kichererbsen in der Küchenmaschine fein verarbeiten und mit der Currypaste mischen. Schalotte, Lachs, Ei und Panko hinzufügen und alles mit den Händen gründlich vermengen. Die Wakame untermischen. Aus der Masse mit den Händen zwei brötchengroße Pattys formen (eventuell noch etwas salzen). Die Lachspattys abgedeckt 20–30 Minuten in den Kühlschrank stellen.

Den Grill erhitzen. In einem Topf den Essig mit 150 ml Wasser aufkochen und 1 TL Salz und den Zucker hinzufügen. Den Zucker auflösen. Die Mischung über die Zwiebelringe gießen, 10 Minuten stehen lassen und dann abgießen.

Für die Remoulade inzwischen die Enden des Selleries abschneiden und die harten Fäden entfernen. Die Stange in kleine Würfel schneiden und eine Schale mit Eiswasser bereitstellen. In einem Topf Wasser aufkochen und die Selleriewürfel darin 1–2 Minuten blanchieren. In das Eiswasser legen, dann herausheben und mit Küchenpapier trocken tupfen. In einer Schüssel Sellerie, Gewürzgurke, Schalotte und Mayonnaise mischen. Mit Tabasco, Zitronensaft, Salz und Pfeffer würzen.

Die Lachspattys rundum mit Öl einpinseln und 3–4 Minuten auf jeder Seite grillen. Nach Belieben die Brötchen kurz rösten. Die Schnittflächen der unteren Brötchenhälften mit der Remoulade bestreichen und die Burger in folgender Reihenfolge zusammensetzen: Eisbergsalat, Lachspatty, Lauch, Zwiebel. Zum Schluss die Brötchendeckel auflegen.

ENERGIE 3405 KJ / 820 KCAL — FETT 60 G — DAVON GESÄTTIGTE FETTSÄUREN 14 G
KOHLENHYDRATE 46 G — DAVON ZUCKER 13 G — EIWEISS 21 G — SALZ 2,2 G

COLESLAW MIT ZAZIKI UND *SPICY SARDINES*

Zaziki ist das ideale Dressing für kräftiges Gemüse wie Kohl. Aber er ist auch ein erfrischender Dip zu gebratenem Fisch. Immer einen Vollfett-Naturjoghurt nehmen und, ganz wichtig, die Gurke gut abtropfen lassen, damit alle Feuchtigkeit verschwunden ist. Die Sauce sollte nicht dünnflüssig sein, sondern eine schöne dicksämige Konsistenz haben.

FÜR 2 PERSONEN
VORBEREITUNGSZEIT 30 MINUTEN
ZUBEREITUNGSZEIT 30 MINUTEN

60 g violetter Spitzkohl
60 g Weißkohl
60 g Chinakohl
1 Apfel (Granny Smith), Kerngehäuse entfernt, in Streifen geschnitten
2 Stängel Minze, Blätter grob gehackt
1 EL mildes Olivenöl zum Grillen
1 TL Chilipulver
6 küchenfertige Sardinen

FÜR DEN ZAZIKI:
½ Salatgurke, entkernt
Salz
2 Knoblauchzehen
2 EL mildes Olivenöl
400 g Naturjoghurt (3,5 % Fett)
Saft von ½ Zitrone
6 Minzeblätter, fein gehackt
2 Stängel Dill, Blätter fein gehackt
frisch gemahlener weißer Pfeffer

TIPP — Damit die Sardinen auf dem Grill nicht festkleben, etwas Aluminiumfolie auf den Grillrost legen oder einen Fisch-Grillrost verwenden.

Für den Zaziki die Gurke raspeln, mit etwas Salz bestreuen und in einem Sieb abtropfen lassen. Dies am besten schon am Vorabend tun, damit die Gurke ausreichend trocken ist. Wenn nur wenig Zeit bleibt, die Gurke nach 30 Minuten in ein Küchentuch legen und die restliche Flüssigkeit herausdrücken. Den Knoblauch in einem Mörser fein verreiben und mit dem Öl verrühren (oder in der Küchenmaschine verarbeiten). Den Joghurt mit Gurke und Knoblauchöl verrühren. Zitronensaft, Minze und Dill untermischen und den Zaziki mit Salz und Pfeffer würzen.

Den Grill erhitzen.

Für den Coleslaw den harten Strunk des violetten Spitzkohls herausschneiden und wegwerfen. Den Kohl in feine Streifen hobeln. Mit dem Weißkohl genauso verfahren. Die Chinakohlblätter mit den Händen in Streifen reißen. Den Kohl in einer Schüssel mit Apfel und Minze mischen.

Dann das Öl mit dem Chilipulver verrühren und die Sardinen leicht damit einpinseln. Die Sardinen 2–3 Minuten auf jeder Seite goldbraun grillen.

Die Hälfte des Zazikis mit dem Coleslaw mischen und die andere Hälfte zu den Sardinen servieren.

ENERGIE 2305 KJ / 550 KCAL — FETT 30 G — DAVON GESÄTTIGTE FETTSÄUREN 9 G
KOHLENHYDRATE 19 G — DAVON ZUCKER 15 G — EIWEISS 47 G — SALZ 0,7 G

BABY-ROMANASALAT MIT TOMATEN UND FORELLE VOM GRILL

Salat essen wir meistens roh, angemacht mit etwas Öl und Essig oder einem frischen Dressing. Doch Salat kann, genau wie anderes Gemüse, sehr gut auf dem Grill geröstet werden. Statt eines Dressings bestreiche ich den Salat mit einer Marinade.

FÜR 2 PERSONEN
ZUBEREITUNGSZEIT 30 MINUTEN

4 Baby-Romanasalate, längs halbiert
250 g rote und gelbe Kirschtomaten, halbiert
2 küchenfertige Forellen à 200 g
Meersalzflocken (z. B. Maldon oder Fleur de Sel)
Olivenöl extra vergine

FÜR DIE MARINADE:
1 TL Koriandersamen
1 TL Kreuzkümmelsamen
½ TL Senfsamen
1 TL Chiliflocken
Salz
3 Knoblauchzehen
4 Zweige Oregano, Blätter abgezupft
Saft von 1 Zitrone
150 ml mildes Olivenöl

Den Grill erhitzen.

Für die Marinade Koriander-, Kreuzkümmel- und Senfsamen, Chiliflocken und eine Prise Salz im Mörser fein vermahlen. Knoblauch und Oregano hinzufügen und alles zu einer dicksämigen Paste verarbeiten. Zitronensaft und Öl unterrühren und mit Salz abschmecken.

Den Baby-Romanasalat und die Tomaten an den Schnittflächen mit der Marinade bestreichen. Die Forellen von jeder Seite mit der Marinade einpinseln. Die Fische eventuell in einen Fisch-Grillrost legen, so kleben sie später nicht am Grill fest.

Die Forellen 3–4 Minuten von jeder Seite grillen. Nach der Hälfte der Grillzeit Salat und Tomaten mit auf den Grill legen. Beides 3–4 Minuten leicht braun rösten.

Salat und Tomaten auf zwei Teller verteilen und die Forellen darauf anrichten. Mit wenig Meersalz würzen und mit einem Spritzer Olivenöl extra vergine beträufeln.

ENERGIE 4270 KJ / 1030 KCAL — FETT 85 G — DAVON GESÄTTIGTE FETTSÄUREN 13 G
KOHLENHYDRATE 11 G — DAVON ZUCKER 8 G — EIWEISS 52 G — SALZ 0,5 G

PILZE UND PASTINAKE MIT GEGRILLTEM OKTOPUS

Wird der Oktopus erst gegart und dann bei starker Hitze kurz gegrillt, wird er einfach köstlich. Der Tintenfisch karamellisiert leicht und bekommt ein feines Grillaroma. Unwiderstehlich zu dieser klassischen Olivenmayonnaise!

FÜR 2 PERSONEN
GARZEIT OKTOPUS 45 MINUTEN
ZUBEREITUNGSZEIT 40 MINUTEN

1 Pastinake, in etwa 1½ cm große »Pommes frites« geschnitten
2 Portobello-Pilze (große Pilze), grob geschnitten
Olivenöl zum Braten
Salz
10 Kirschtomaten, halbiert
300 g Oktopus-Tentakel, gegart (siehe Seite 87)
Meersalzflocken (z. B. Maldon oder Fleur de Sel)
frisch gemahlener schwarzer Pfeffer

FÜR DIE OLIVENMAYONNAISE:
200 ml Mayonnaise (siehe Seite 236)
1 Sardellenfilet (aus dem Glas oder aus der Dose)
20 schwarze Oliven ohne Stein (Kalamata oder Taggiasca)
Saft von ½ Limette
Salz und frisch gemahlener schwarzer Pfeffer

Den Backofen auf 200 °C Ober-/Unterhitze vorheizen.

Den Grill erhitzen.

Eine Auflaufform mit Backpapier auslegen und Pastinake und Pilze darauf verteilen. Mit etwas Öl beträufeln und mit Salz bestreuen. Das Gemüse 20–25 Minuten im Backofen rösten. Etwa 5 Minuten vor Ende der Garzeit die Tomaten mit der Schnittfläche nach oben hinzulegen.

Für die Olivenmayonnaise in der Zwischenzeit die Mayonnaise mit Sardellenfilet und Oliven mit dem Stabmixer zu einer Sauce pürieren. Mit Limettensaft, Salz und Pfeffer würzen. Alles gut umrühren.

Die Oktopus-Tentakel mit Öl einpinseln und 3–4 Minuten grillen, bis sie außen schön karamellisiert aussehen.

Die Form mit dem Gemüse aus dem Ofen nehmen. Die Tomaten unter die Pastinake und die Pilze mischen. Mit Oktopus-Tentakeln und Olivenmayonnaise anrichten und mit Meersalzflocken und Pfeffer bestreuen.

ENERGIE 4215 KJ / 1020 KCAL — FETT 88 G — DAVON GESÄTTIGTE FETTSÄUREN 11 G
KOHLENHYDRATE 19 G — DAVON ZUCKER 12 G — EIWEISS 31 G — SALZ 2 G

GEMÜSESPIESSE MIT GARNELEN UND *SAUCE RAVIGOTE*

Die *Sauce ravigote* auf Mayonnaisebasis, so wie sie uns der Fischhändler häufig zum Kibbeling serviert, dürfen wir streng genommen nicht so nennen. Die klassische französische Variante der *Sauce ravigote* ist eigentlich eine Vinaigrette auf Essig-Öl-Basis, angerührt mit frischen Kräutern. Das fein zerdrückte gekochte Ei sorgt für eine schöne Saucenbindung.

FÜR 2 PERSONEN
ZUBEREITUNGSZEIT 30 MINUTEN

6 große Garnelen mit Kopf
½ Zucchini, in grobe Stücke geschnitten
½ Aubergine, in grobe Stücke geschnitten
½ Paprikaschote, Samen entfernt, in grobe Stücke geschnitten
20 Stangen grüner Spargel, das holzige Ende 3 cm abgeschnitten
6 kleine Zwiebeln, halbiert, oder 6 rote Frühlingszwiebeln, ungeschält und mit Grün längs halbiert
Olivenöl zum Braten
Salz und frisch gemahlener schwarzer Pfeffer

FÜR DIE *SAUCE RAVIGOTE*:
1 Ei
2 TL Dijonsenf
50 ml Weißweinessig
150 ml Olivenöl extra vergine
2 TL Kapern, fein gehackt
3 TL Kerbel, Blätter fein gehackt
4 Stängel Schnittlauch, fein geschnitten
4 Stängel Petersilie, Blätter fein gehackt
4 Stängel Estragon, Blätter fein gehackt
Salz und frisch gemahlener schwarzer Pfeffer

Den Grill erhitzen.

Für die *Sauce ravigote* das Ei 8 Minuten kochen. Abschrecken, pellen und beiseitelegen.

Mit dem Schneebesen Senf, Essig und Öl verquirlen. Kapern und Kräuter hinzufügen. Das Ei in ein Sieb legen und mit dem Löffelrücken durch das Sieb drücken, sodass es sehr feinkrümelig ist. Dann unter die Sauce mischen und die Sauce mit Salz und Pfeffer abschmecken. Beiseitestellen.

Die Garnelen abwechselnd mit Zucchini-, Auberginen- und Paprikastücken auf Spieße stecken. Die Garnelen-Gemüse-Spieße sowie Spargel und Zwiebeln bzw. Frühlingszwiebeln mit Öl einpinseln und mit Salz und Pfeffer würzen.

Spieße, Spargel und Zwiebeln bzw. Frühlingszwiebeln auf dem Grill 5–6 Minuten grillen. Zwischendurch einmal wenden. Eventuell dauert das Grillen der Zwiebeln – je nach Größe – etwas länger.

Die Spieße mit Spargel, Zwiebeln bzw. Frühlingszwiebeln und der *Sauce ravigote* servieren.

ENERGIE 4060 KJ / 985 KCAL — FETT 89 G — DAVON GESÄTTIGTE FETTSÄUREN 13 G
KOHLENHYDRATE 20 G — DAVON ZUCKER 16 G — EIWEISS 21 G — SALZ 1,5 G

FILL TO LINE

GADO-GADO MIT SATÉ LILIT

Ich gebe gern mein Rezept für das Saté Lilit, das berühmte balinesische Fischsaté, weiter. Sehr fein zu einem Gemüse-Gado-Gado mit selbst gemachter scharfer Erdnusssauce. Sie können für dieses Rezept übrigens verschiedene Sorten Weißfisch verwenden.

FÜR 2 PERSONEN
ZUBEREITUNGSZEIT 50 MINUTEN

FÜR DAS SATÉ LILIT:
200 g Weißfischfilet
100 g Tigergarnelen, geschält, Kopf und Darm entfernt
1 Stück Kurkuma (2 cm), fein gehackt
2 Kaffirlimettenblätter, aufgerollt und fein geschnitten
35 ml Kokosmilch
15 g (Palm-)Zucker
Salz und frisch gemahlener schwarzer Pfeffer
6 Stängel Zitronengras
Öl zum Braten

FÜR DAS GEMÜSE:
150 g grüne Bohnen
Salz
12 grüne Spargelspitzen
½ Salatgurke, entkernt
¼ China- oder Weißkohl
2 Karotten, geschält
2 Eier
30 g Sprossen
2 EL grob gehackte Erdnusskerne

FÜR DIE ERDNUSSSAUCE:
1 Stück Ingwer (2 cm), geschält und grob gehackt
1 Knoblauchzehe, grob gehackt
1 EL Erdnusskerne
1 Nori-Blatt, grob zerkleinert
1 EL Öl zum Braten
100 g Erdnussbutter
1 EL brauner Zucker
150 ml Kokosmilch
2 TL Sambal Badjak (indonesische Chilipaste)
Saft von ½ Limette

Für das Saté Lilit Fisch und Garnelen mit einem Messer klein schneiden. In einer Schüssel Fisch, Garnelen, Kurkuma, Kaffirlimettenblätter, Kokosmilch und Zucker mischen. Mit Salz und Pfeffer würzen. Die Masse mit den Händen um die Zitronengrasstängel herum andrücken und für 30 Minuten zum Festwerden in den Kühlschrank legen.

Für das Gemüse in einem Topf ausreichend Wasser mit einer Prise Salz aufkochen. Die Bohnen darin in 4–6 Minuten bissfest garen. In den letzten 2–3 Minuten die Spargelspitzen hinzufügen. Das Gemüse aus dem Topf heben und unter fließendem kaltem Wasser abschrecken. Gurke, Kohl und Karotten in lange Stifte schneiden.

In einem Topf mit Wasser die Eier 6 Minuten kochen, sodass das Eigelb gerade gestockt ist. Die Eier unter fließendem kaltem Wasser abschrecken, pellen und längs halbieren. Beiseitestellen.

Den Grill erhitzen.

Für die Erdnusssauce Ingwer, Knoblauch, Erdnüsse und Nori in der Küchenmaschine fein vermahlen. In einem Topf das Öl auf mittlere Temperatur erhitzen und die Mischung 1 Minute darin anschwitzen. Erdnussbutter, braunen Zucker, Kokosmilch und Sambal Badjak unterrühren. Die Sauce bis zum Servieren leicht köcheln lassen. Erst dann den Limettensaft hinzufügen.

Das Fischsaté mit Öl einpinseln und 4–6 Minuten grillen. Zwischendurch immer wieder wenden, sodass die Spieße rundum schön braun und gar werden.

Bohnen, Gurke, Kohl, Spargelspitzen, Karotten und Sprossen auf einer Servierplatte verteilen. Mit der Sauce beträufeln und mit den Erdnüssen bestreuen. Mit Eihälften garnieren und das Fischsaté darauf anrichten.

ENERGIE 4865 KJ / 1170 KCAL — FETT 87 G — DAVON GESÄTTIGTE FETTSÄUREN 30 G
KOHLENHYDRATE 38 G — DAVON ZUCKER 23 G — EIWEISS 53 G — SALZ 1,4 G

AUS DEM BACKOFEN

Der Backofen ist ein wahrer Zauberkünstler. Sie bereiten in der Küche alles vor und dann haben Sie Zeit für alle anderen Dinge, während der Backofen die restliche Arbeit erledigt. Vor allem festes Gemüse eignet sich hervorragend für den Backofen. Eine hohe Temperatur garantiert ein gutes Garergebnis und eine schöne herbe Note. Denken Sie an die Backzeit, wenn Sie Gemüse und Fisch zubereiten. Beides sollte ungefähr dieselbe Backzeit haben.

PAPILLOTE MIT PAPRIKA, KAROTTE, SEEZUNGE UND HARISSA

Das Garen von Fisch und Gemüse in einem Päckchen im Backofen ist die ideale Art, um ein köstliches Gericht zuzubereiten. Säfte und Aromen bleiben vollständig erhalten und ergänzen sich zu einer köstlichen Sauce. Das Harissa sorgt hier für die nötige Schärfe.

FÜR 2 PERSONEN
ZUBEREITUNGSZEIT 50 MINUTEN

½ EL Rosen-Harissa
60 ml Fischbrühe (siehe Seite 232)
1 Seezunge ohne Haut à 350 g
1 Fleischtomate, in dünne Scheiben geschnitten
1 kleine Karotte, in dünne Scheiben geschnitten
1 Paprikaschote, Samen entfernt, in dünne Streifen geschnitten
1 rote Zwiebel, in dünne Ringe geschnitten
1 TL Kreuzkümmelsamen
Salz
1 eingelegte Zitrone (siehe Seite 237), die Schale in feine Streifen geschnitten
3 Stängel Koriander, Blätter abgezupft

Den Backofen auf 180 °C Ober-/Unterhitze vorheizen.

Auf ein Stück Aluminiumfolie eine Lage Backpapier legen. Die Ränder etwas nach oben falten, sodass eine Art Schale entsteht und die Garflüssigkeit später nicht auslaufen kann.

Die Hälfte des Harissa mit der Fischbrühe verrühren und mit der anderen Hälfte die Seezunge auf einer Seite leicht bestreichen.

In einer flachen Schale Tomate, Karotte, Paprika, Zwiebel und Kreuzkümmel mit der Harissa-Fischbrühe übergießen.

Die Tomatenscheiben aus der Fischbrühe nehmen und dachziegelartig in die Mitte des Backpapiers schichten. Karotte, Paprika und Zwiebelringe ebenfalls aus der Brühe nehmen, darauf anrichten und mit Salz würzen.

Die Seezunge mit der Harissa-Schicht nach oben auf das Gemüse legen. Die Zitronenschale auf der Seezunge verteilen.

Das Päckchen verschließen, dabei oben eine kleine Öffnung lassen. Die Harissa-Fischbrühe in das Päckchen gießen und dieses dann gut verschließen. Im Päckchen sollte ausreichend Platz sein, damit der Dampf zirkulieren kann.

Das Päckchen auf ein Backblech setzen und 25–30 Minuten im vorgeheizten Backofen garen.

Das Päckchen aus dem Ofen nehmen, erst am Tisch öffnen und mit den Korianderblättern bestreuen.

ENERGIE 780 KJ / 185 KCAL — FETT 4 G — DAVON GESÄTTIGTE FETTSÄUREN 1 G
KOHLENHYDRATE 8 G — DAVON ZUCKER 7 G — EIWEISS 27 G — SALZ 0,8 G

GEGRILLTES GEMÜSE MIT BURRATA UND SARDINEN

Sardinen können Sie mit oder ohne Kopf zubereiten. Wenn die Sardinen schön knusprig werden sollen, bestreiche ich sie nur mit wenig Öl und nehme eine ordentliche Menge Salz.

FÜR 2 PERSONEN
ZUBEREITUNGSZEIT 45 MINUTEN

neutrales Öl zum Braten
1 rote Zwiebel, in grobe Stücke geschnitten
1 Aubergine, in ½ cm dicke Scheiben geschnitten
1 Zucchini, in ½ cm dicke Scheiben geschnitten
je 1 rote und gelbe Paprikaschote, Samen entfernt, in grobe Stücke geschnitten
1 Knolle Fenchel, in grobe Stücke geschnitten
½ Knoblauchknolle, in der Mitte quer durchgeschnitten
Salz und frisch gemahlener schwarzer Pfeffer
6 küchenfertige Sardinen mit oder ohne Kopf
Olivenöl extra vergine
3 Stängel Majoran, Blätter abgezupft
150 g Burrata

TIPP — Statt der Burrata können Sie auch Büffelmozzarella verwenden.

Den Backofen auf 180 °C Ober-/Unterhitze vorheizen.

Eine Auflaufform mit Backpapier auslegen und das Backpapier mit Öl beträufeln. Zwiebel, Aubergine, Zucchini, Paprika und Fenchel in der Auflaufform verteilen, den Knoblauch in die Mitte legen. Mit Öl beträufeln und mit Salz und Pfeffer bestreuen. Das Gemüse 25 Minuten im Backofen rösten.

In der Zwischenzeit die Sardinen mit Küchenpapier trocken tupfen und von beiden Seiten mit Salz bestreuen. In einer Pfanne einen Spritzer Öl auf mittlere Temperatur erhitzen und die Sardinen 3–5 Minuten von beiden Seiten goldbraun braten. Die Sardinen aus der Pfanne nehmen und warm stellen.

Das gegrillte Gemüse mit einem ordentlichen Spritzer Olivenöl extra vergine und Majoran mischen und mit Salz und Pfeffer würzen. Die Knoblauchzehen von der Knolle und aus der Schale lösen und wieder dazulegen. Die Burrata in große Stücke teilen und auf dem gegrillten Gemüse anrichten. Die Auflaufform noch einmal für 2 Minuten in den Backofen geben, dann herausnehmen.

Die Sardinen auf dem Gemüse verteilen und mit Pfeffer würzen.

ENERGIE 3190 KJ / 765 KCAL — FETT 50 G — DAVON GESÄTTIGTE FETTSÄUREN 18 G
KOHLENHYDRATE 24 G — DAVON ZUCKER 22 G — EIWEISS 50 G — SALZ 0,9 G

MISO-AUBERGINEN MIT GEBRATENER MAKRELE

Die japanische Misosauce gibt diesem Gericht den köstlichen Umami-Geschmack. Genau wie die Makrele wird auch das Gemüse mit Miso bestrichen. Die geschmorten Auberginen und die Frühlingszwiebel werden grob zerkleinert. Die frittierten Ingwer- und Knoblauchscheiben machen den Salat schön knusprig.

FÜR 2 PERSONEN
ZUBEREITUNGSZEIT 40 MINUTEN

- 2 Auberginen, längs halbiert
- 2 EL Sesamöl
- 1 EL weiße Sesamsamen
- 2 EL Sake (japanischer Reiswein)
- 2 EL Mirin (süßer japanischer Reiswein)
- 2 EL Zucker
- 2 EL weiße Misopaste
- Öl zum Braten
- 1 Stück Ingwer (5 cm), in feine Scheiben geschnitten
- 1 Knoblauchzehe, in feine Scheiben geschnitten
- 1 Frühlingszwiebel, in Ringe geschnitten
- 2 Makrelen mit Haut à 90 g

Den Backofen auf 200 °C Ober-/Unterhitze vorheizen.

Die Schnittfläche der Auberginen im Abstand von einem Zentimeter schräg einschneiden, sodass sich eine Rautenform zeigt. Die Schneidekanten mit dem Sesamöl einpinseln. Ein Backblech mit Backpapier auslegen und die Auberginen mit der Schnittfläche nach unten auflegen. Etwa 20 Minuten schmoren, bis das Fruchtfleisch weich und gegart ist.

In der Zwischenzeit eine kleine Pfanne auf mittlere Temperatur erhitzen und den Sesam darin goldbraun rösten. Dann auf einem Teller beiseitestellen.

Sake, Mirin und Zucker in einem Topf erwärmen. Den Herd ausschalten, sobald sich der Zucker aufgelöst hat, und die Misopaste mit einem Schneebesen unterrühren.

In einem Topf mit dickem Boden eine Schicht Öl auf 180 °C erhitzen und Ingwer und Knoblauch darin 1–2 Minuten kross anbraten. Sofort herausnehmen und auf Küchenpapier abtropfen lassen.

Den Backofen auf die Grillfunktion einstellen.

Die Schnittflächen der Auberginen mit 2 EL Misosauce einpinseln. Die Auberginen einige Minuten unter dem Grill des Backofens leicht karamellisieren lassen. Dann herausnehmen, die Auberginen in grobe Stücke schneiden und mit der Frühlingszwiebel mischen.

In einer Pfanne 1 EL Öl auf mittlere Temperatur erhitzen und die Makrelenfilets 2–3 Minuten auf der Hautseite und dann 1 Minute auf der anderen Seite braten.

Die Auberginen-Frühlingszwiebel-Mischung mit dem Sesam bestreuen und 1 EL Misosauce darüberlöffeln. Mit gebratenem Ingwer und Knoblauch garnieren. Die Makrelenfilets und die restliche Sauce dazu servieren.

ENERGIE 2895 KJ / 695 KCAL — FETT 47 G — DAVON GESÄTTIGTE FETTSÄUREN 8 G
KOHLENHYDRATE 37 G — DAVON ZUCKER 31 G — EIWEISS 22 G — SALZ 1,7 G

GEMÜSEGRATIN »ROGER VERGÉ« MIT SARDELLEN

Schon als Zehnjähriger war ich von der Gastronomie fasziniert. In unserem französischen Urlaubsort kamen wir jeden Tag auf dem Weg zum Einkaufen am Restaurant des berühmten Dreisternekochs Roger Vergé vorbei. Zwischen den Zypressen linste ich durch das Fenster. Vergé war für seine Gemüsegerichte berühmt, darunter auch dieser Auflauf. Ich habe das Gratin um Sardellen, Käse und Walnüsse ergänzt. Dieses Gericht ist meine bescheidene Hommage an den großen Meister.

FÜR 2 PERSONEN
ZUBEREITUNGSZEIT 50 MINUTEN

2 EL mildes Olivenöl zum Braten
2 Zwiebeln, in Ringe geschnitten
Salz und frisch gemahlener schwarzer Pfeffer
1 Knoblauchzehe, geschält
400 g große Tomaten, in ½ cm dicke Scheiben geschnitten
1 Zucchini, in ½ cm dicke Scheiben geschnitten
1 EL Thymianblätter, plus etwas mehr für die Garnitur
4 EL Olivenöl extra vergine
8 gesalzene Sardellenfilets (aus dem Glas oder aus der Dose)
30 g Comté (Hartkäse)
6 Walnusskerne, grob gehackt

Den Backofen auf 200 °C Ober-/Unterhitze vorheizen.

In einer Pfanne das Öl auf mittlere Temperatur erhitzen und die Zwiebeln 10 Minuten darin anschwitzen, bis sie weich sind. Sie sollten aber keine Farbe annehmen. Mit Salz und Pfeffer würzen.

Eine Auflauf- oder Quicheform mit dem Knoblauch einreiben. Die Zwiebeln in der Form verteilen. Tomaten- und Zucchinischeiben dachziegelartig in die Form schichten. Mit Thymian bestreuen und mit 3 EL Olivenöl extra vergine beträufeln.

Das Gemüse etwa 25 Minuten im vorgeheizten Backofen backen, bis es leicht gebräunt ist, dann herausnehmen. Die Sardellenfilets auf dem Gemüse verteilen, den Käse reiben und darüberstreuen und das Gratin für weitere 5 Minuten in den Backofen stellen.

Die Auflaufform aus dem Backofen nehmen und das Gratin mit dem restlichen Olivenöl extra vergine (1 EL) beträufeln. Mit Walnüssen und Thymian garnieren.

ENERGIE 2515 KJ / 605 KCAL — FETT 48 G — DAVON GESÄTTIGTE FETTSÄUREN 9 G
KOHLENHYDRATE 21 G — DAVON ZUCKER 18 G — EIWEISS 19 G — SALZ 3,8 G

QUICHE VON SÜSSKARTOFFELN UND KABELJAUWANGEN

Kabeljauwangen sind etwas in Vergessenheit geratene Stücke vom Kabeljau. Sie zeichnen sich durch eine feste Textur aus. Früher wurde daraus Kibbeling zubereitet. Doch es gibt noch viele andere Verwendungsmöglichkeiten.

FÜR 4 PERSONEN
ZUBEREITUNGSZEIT 60 MINUTEN

20 g Butter
1 große Platte Blätterteig
500 g Süßkartoffeln
4 Stangen grüner Spargel, holzige Enden entfernt
mildes Olivenöl zum Braten
200 g Champignons, halbiert
2 EL Sherry
1 Schalotte, fein gehackt
2 Stangen Lauch, weiße Abschnitte in feine Ringe geschnitten
300 g Kabeljauwangen (eventuell beim Fischhändler vorbestellen)
Salz
4 Eier, verquirlt
125 g Sahne
frisch gemahlener schwarzer Pfeffer

Den Backofen auf 200 °C Ober-/Unterhitze vorheizen.

Eine Tarteform von 20 cm Durchmesser mit der Butter einfetten und den Blätterteig hineinlegen. Den Teig vorsichtig mit den Händen in die Form drücken, mit Backpapier belegen, mit getrockneten Hülsenfrüchten auffüllen und im Backofen 10 Minuten blindbacken. Herausnehmen und das Backpapier mit den Hülsenfrüchten entfernen. Den Tarteboden weitere 5 Minuten backen. Dann die Form aus dem Backofen nehmen und die Backofentemperatur auf 180 °C reduzieren.

Während der Tarteboden bäckt, die Süßkartoffeln in einem Topf mit reichlich Wasser aufkochen und in 16–20 Minuten weich garen. Dann abgießen, pellen und in ½ cm dicke Scheiben schneiden.

Eine Schüssel mit Eiswasser bereitstellen. Den grünen Spargel 2 Minuten in kochendem Wasser blanchieren und dann direkt in das Eiswasser legen, um den Garprozess zu stoppen. Herausnehmen, mit Küchenpapier trocken tupfen, längs halbieren und beiseitestellen.

In einer Pfanne bei mittlerer Temperatur einen Spritzer Öl erhitzen und die Champignons darin in 4–6 Minuten goldbraun braten. Mit dem Sherry ablöschen und dann Schalotte und Lauch 5 Minuten bei aufgesetztem Deckel mitbraten. Den Inhalt der Pfanne in eine Schüssel geben, die Pfanne mit Küchenpapier trocken wischen und zurück auf den Herd stellen. Einen Spritzer Öl darin erhitzen, die Kabeljauwangen mit Salz würzen und 2 Minuten von jeder Seite goldbraun braten. Herausnehmen und auf einem Teller abkühlen lassen.

In einer großen Schüssel die Süßkartoffelscheiben mit der Champignonmischung, den Kabeljauwangen, den Eiern und der Sahne vermengen. Mit Salz und Pfeffer würzen. Die Mischung auf dem vorgebackenen Tarteboden verteilen und den Spargel darauf verteilen.

Die Quiche 30–35 Minuten im Backofen backen, bis die Oberseite goldbraun ist.

ENERGIE 2540 KJ / 610 KCAL — FETT 32 G — DAVON GESÄTTIGTE FETTSÄUREN 17 G
KOHLENHYDRATE 48 G — DAVON ZUCKER 12 G — EIWEISS 27 G — SALZ 0,9 G

KAROTTEN AUS DEM OFEN MIT PETERSILIEN-SALSA UND STEINBUTT

Karotten und Fisch passen perfekt zusammen. Eine klassische und jahrhundertealte Kombination. Heutzutage haben wir bei Karotten eine größere Auswahl an Farben als nur Orange. Durch das Rösten bekommen sie einen wunderbar intensiven Geschmack.

FÜR 2 PERSONEN
ZUBEREITUNGSZEIT 40 MINUTEN

600 g Karotten (verschiedene Farben und Sorten), große Exemplare längs halbiert
2 Zweige Rosmarin
1 Zweig Thymian
Olivenöl zum Braten
1 EL Balsamicoessig
etwa 200 g Steinbuttfilet ohne Haut
Salz

FÜR DIE PETERSILIEN-SALSA:
1 Knoblauchzehe
Salz
½ Bund Petersilie, Blätter abgezupft
Saft von ½ Zitrone
3 EL Olivenöl extra vergine
frisch gemahlener schwarzer Pfeffer

Den Backofen auf 200 °C Ober-/Unterhitze vorheizen.

Die Karotten mit Rosmarin- und Thymianzweigen in einer tiefen Auflaufform verteilen und mit 3 EL Öl beträufeln. Die Form 20–30 Minuten in den Backofen stellen, bis das Gemüse schön geröstet ist. Das Gemüse nach der Hälfte der Zeit einmal wenden. Die Karotten aus dem Backofen nehmen, sobald die Spitze eines scharfen Messers mühelos in die Karotten gleitet. Mit dem Essig mischen. Nach Belieben die Kräuterzweige entfernen oder mit den Karotten servieren.

Für die Salsa in der Zwischenzeit den Knoblauch mit einer Prise Salz im Mörser fein verreiben. Die Petersilie hinzufügen und alles zu einer feinen Paste verarbeiten. Zitronensaft und Öl unterrühren. Mit Pfeffer würzen.

Eine Grillpfanne stark erhitzen. Das Steinbuttfilet mit wenig Öl bestreichen und mit Salz würzen. Das Fischfilet 3–4 Minuten von jeder Seite grillen. Anschließend den Steinbutt unter einer Lage Aluminiumfolie noch 5 Minuten weitergaren.

Die gebackenen Karotten mit dem Fisch und der Petersilien-Salsa servieren.

ENERGIE 2140 KJ / 515 KCAL — FETT 38 G — DAVON GESÄTTIGTE FETTSÄUREN 6 G
KOHLENHYDRATE 20 G — DAVON ZUCKER 14 G — EIWEISS 18 G — SALZ 0,9 G

BACKOFENGEMÜSE MIT GANZEM SEEBARSCH

Nichts ist festlicher als ein ganzer Fisch aus dem Backofen. Füllen Sie die Bauchhöhle mit Ihren liebsten Geschmacksgebern und drapieren Sie das Gemüse um den Fisch herum, damit es im Backofen mitgaren kann.

FÜR 2 PERSONEN
ZUBEREITUNGSZEIT 30 MINUTEN

1 küchenfertiger Seebarsch à 500–600 g
½ Bund glatte Petersilie, Blätter grob gehackt
½ Bund Kerbel, Blätter grob gehackt
Schale von ¼ unbehandelten Orange, in Stücke geschnitten
1 unbehandelte Zitrone, in Scheiben geschnitten
mildes Olivenöl
Salz
2 Paprikaschoten, Samen entfernt, in Ringe geschnitten
1 rote Zwiebel, geviertelt
1 Knoblauchknolle, in der Mitte quer durchgeschnitten
1 Knolle Fenchel, grob geschnitten
4 Stangen grüner Spargel, holzige Enden entfernt, längs halbiert
Olivenöl extra vergine
frisch gemahlener schwarzer Pfeffer

Den Backofen auf 200 °C Ober-/Unterhitze vorheizen.

Den Seebarsch im Abstand von drei Zentimetern einschneiden, sodass das Fleisch zu sehen ist.

Die Bauchhöhle des Seebarsches mit Petersilie, Kerbel, Orangenschale und der Hälfte der Zitronenscheiben füllen. Den Fisch mit Öl einpinseln und mit Salz bestreuen. In die Mitte einer leicht mit Öl gefetteten Auflaufform legen.

Paprika, Zwiebel, Knoblauch, Fenchel, Spargel und die restlichen Zitronenscheiben um den Fisch herum verteilen und den Fisch darauflegen. Die Auflaufform in den Backofen schieben und Fisch und Gemüse 18–20 Minuten garen. Um zu testen, ob der Fisch ausreichend gegart ist, genau hinter dem Kopf das Fleisch bis auf die Gräten drücken. Wenn das problemlos geht, ist der Fisch fertig. Die Form aus dem Ofen nehmen.

Fisch und Gemüse mit etwas Olivenöl extra vergine beträufeln und mit Salz und Pfeffer würzen. In der Form servieren.

ENERGIE 1725 KJ / 410 KCAL — FETT 14 G — DAVON GESÄTTIGTE FETTSÄUREN 1 G
KOHLENHYDRATE 16 G — DAVON ZUCKER 11 G — EIWEISS 56 G — SALZ 0,1 G

REISSALAT UND WEISSE MEERÄSCHE MIT KRÄUTERKRUSTE

Die Weiße Meeräsche belege ich mit einem Crumble aus asiatischen Kräutern und Panko. Die goldbraune krokante Kruste bildet einen feinen Kontrast zur weichen Textur des Filets.

FÜR 2 PERSONEN
ZUBEREITUNGSZEIT 60 MINUTEN

2 Weiße Meeräschenfilets ohne Haut à 120 g
20 g Butter
1 EL Sesamöl, mehr für die Form
1 Knoblauchzehe, fein gehackt
½ rote oder grüne Chilischote, Samen entfernt, fein gehackt
1 Stängel Zitronengras, in feine Ringe geschnitten
1 Stück Ingwer (2 cm), geschält und sehr fein gehackt
1 Frühlingszwiebel, in feine Ringe geschnitten
abgeriebene Schale von 1 unbehandelten Limette
4 Stängel Koriander, Blätter fein gehackt
1 EL grob gehackte Cashewkerne
Salz
2 EL Panko (jap. Semmelbrösel)

FÜR DEN SALAT:
120 g (schwarzer) Wildreis
1 Karotte, geschält und in ½ cm große Würfel geschnitten
1 Stange Sellerie, in ½ cm große Würfel geschnitten
1 Frühlingszwiebel, in feine Ringe geschnitten
2 Stängel Koriander, Blätter abgezupft

FÜR DAS INGWERDRESSING:
1 Knoblauchzehe, sehr fein gehackt
1 Stück Ingwer (2 cm), geschält und fein gerieben
3 EL Sesamöl
1 EL Sojasauce
1 EL Reisessig
1 TL Honig

Den Backofen auf 200 °C Ober-/Unterhitze vorheizen.

Für den Salat in einem Topf reichlich Wasser aufkochen und den Reis darin 40–45 Minuten garen. In ein Sieb abseihen und beiseitestellen.

Für das Dressing die Zutaten mit einem Schneebesen verquirlen und beiseitestellen.

Die Fischfilets waschen und mit Küchenpapier trocken tupfen. Für die Kräuterkruste die Butter in einem Topf bei mittlerer Temperatur zerlassen. Zuerst das Sesamöl, dann Knoblauch, Chili, Zitronengras, Ingwer und Frühlingszwiebel einrühren. Noch 1 Minute weiterrühren, anschließend Limettenabrieb, Koriander und Cashewkerne untermischen. Mit Salz würzen und den Topf vom Herd nehmen. Mit dem Panko zu einer dicklichen Paste verrühren. Die Meeräschenfilets in eine leicht mit Öl gefettete Auflaufform legen und mit der Kräutermischung bedecken. Die Form 7–9 Minuten in den vorgeheizten Backofen stellen, bis die Kruste goldbraun ist und der Fisch ausreichend gegart ist.

In der Zwischenzeit den abgekühlten Reis mit Karotte, Sellerie und Frühlingszwiebel mischen. Das Dressing unterrühren und den Reis auf einer Servierplatte anrichten. Mit den Korianderblättern garnieren.

Die Meeräschenfilets auf dem Salat anrichten oder dazu servieren.

ENERGIE 3000 KJ / 715 KCAL — FETT 35 G — DAVON GESÄTTIGTE FETTSÄUREN 10 G
KOHLENHYDRATE 62 G — DAVON ZUCKER 5 G — EIWEISS 37 G — SALZ 1,1 G

LAUCH UND FENCHEL MIT SARDINEN UND MINZPESTO

Mit Pesto können Sie endlos variieren. Richten Sie sich dabei vor allem nach Ihrem eigenen Geschmack. Sie können Nüsse verwenden und statt dem klassischen Basilikum auch andere Kräuter. Das Pesto zu diesen Sardinen mit Gemüse wird mit Minze zubereitet. Köstlich erfrischend mit Lauch und Fenchel.

FÜR 2 PERSONEN
ZUBEREITUNGSZEIT 40 MINUTEN

3 Stangen Lauch, ein Großteil des grünen Anteils entfernt, längs halbiert
1 Knolle Fenchel, in Scheiben geschnitten
5 Stangen grüner Spargel, holzige Enden entfernt
2 EL Olivenöl extra vergine
8 frische küchenfertige Sardinen mit oder ohne Kopf
Salz und frisch gemahlener schwarzer Pfeffer
10–12 Kapernäpfel
1 Stängel Minze, Blätter fein gehackt

FÜR DAS MINZPESTO:
1 Knoblauchzehe, grob gehackt
6 Stängel Minze, Blätter abgezupft
Salz
30 g Pinienkerne
30 g Parmesan, gerieben
75 ml Olivenöl extra vergine

Den Backofen auf 200 °C Ober-/Unterhitze vorheizen.

In einer Auflaufform Lauch, Fenchel und Spargel mit dem Öl mischen. Das Gemüse etwa 12 Minuten garen.

Für das Pesto in der Zwischenzeit den Knoblauch mit der Minze und einer Prise Salz im Mörser fein vermahlen (oder hierfür einen Stabmixer verwenden). Die Pinienkerne hinzufügen und ebenfalls fein vermahlen. Mit einem Löffel den Parmesan unterrühren und das Pesto mit dem Öl glatt rühren. Beiseitestellen.

Die Sardinen mit Salz und Pfeffer würzen. Die Auflaufform aus dem Ofen nehmen und die Sardinen auf dem Gemüse verteilen. Die Form für weitere 7–9 Minuten in den Backofen stellen und in den letzten 3 Minuten die Kapernäpfel hinzufügen.

Den fertig gegarten Fisch und das Gemüse mit 2 EL Minzpesto beträufeln und mit fein gehackten Minzblättern bestreuen. In der Form servieren und das restliche Minzpesto dazu reichen.

ENERGIE 3876 KJ / 935 KCAL — FETT 72 G — DAVON GESÄTTIGTE FETTSÄUREN 14 G
KOHLENHYDRATE 13 G — DAVON ZUCKER 9 G — EIWEISS 54 G — SALZ 0,8 G

AUS TOPF & PFANNE

Auch in anderen Kapiteln des Buches finden Sie Gerichte, für die Sie Topf oder Pfanne brauchen, aber in diesem Kapitel geht es um Speisen, bei denen Topf oder Pfanne den Charakter des Gerichts bestimmen. So wird der Fisch perfekt gebraten, das Ratatouille perfekt geschmort, die klassische Sauce hollandaise perfekt angerührt oder meine Version eines Klassikers »à la grecque« perfekt zubereitet. Und natürlich darf auch ein deftiger Eintopf nicht fehlen.

RATATOUILLE MIT GEBRATENEM KABELJAU UND FENCHELJUS

In den 90er-Jahren kochte ich im Restaurant Lucas Carton in Paris. Dort lernte ich, eine Ratatouille auf Dreisterneniveau zuzubereiten. Das Gemüse wird zunächst einzeln zubereitet und erst zum Schluss zusammengefügt.

FÜR 2 PERSONEN
ZUBEREITUNGSZEIT 45 MINUTEN

2 große Tomaten
mildes Olivenöl zum Braten
2 Paprikaschoten (Farbe nach Belieben), Samen entfernt, in 1 cm große Stücke geschnitten
½ Aubergine, in 1 cm große Würfel geschnitten
½ Zucchini, in 1 cm große Würfel geschnitten
2 Zweige Thymian, plus etwas mehr für die Garnitur
Salz und frisch gemahlener schwarzer Pfeffer
2 Kabeljaufilets mit Haut à 120–150 g
Olivenöl extra vergine

FÜR DIE FENCHELJUS:
1 EL mildes Olivenöl zum Braten
1 Knolle Fenchel, in Scheiben geschnitten
25 ml Noilly Prat (oder Weißwein)
250 ml Fischbrühe (siehe Seite 232)
100 g Sahne

In einem Topf gerade so viel Wasser aufkochen, dass die Tomaten davon bedeckt sind. Die Tomaten an der Unterseite kreuzweise einschneiden und 10–20 Sekunden in das kochende Wasser tauchen. Anschließend sofort unter fließendem kaltem Wasser abschrecken. Die Tomaten häuten, halbieren und die Samen entfernen. Das Fruchtfleisch fein würfeln.

In einer Pfanne oder in einem Topf einen Spritzer Öl auf mittlere Temperatur erhitzen und die Paprika einige Minuten darin weich braten. Herausnehmen und beiseitestellen. Die Aubergine auf gleiche Weise, aber etwas kürzer, braten. Die Zucchini ebenso wie die Aubergine braten, sodass alle Zutaten der Ratatouille gerade gar sind.

In einem Topf Paprika, Zucchini und Aubergine mit Thymianzweigen und Tomatenwürfeln mischen. Noch 3 EL Öl hinzufügen und alles mit Salz und Pfeffer würzen. Die Ratatouille umrühren und bei aufgelegtem Deckel 10 Minuten bei geringer Temperatur leicht köcheln lassen. Am Ende der Garzeit die Thymianzweige entfernen.

Für die Fencheljus in einer Pfanne das Öl auf mittlere Temperatur erhitzen und den Fenchel darin in 4–6 Minuten weich braten. Mit Noilly Prat ablöschen und Fischbrühe und Sahne hinzugießen. Die Sauce auf ein Drittel einkochen und mit Salz und Pfeffer würzen. Mit dem Stabmixer pürieren und warm halten.

Die Kabeljaufilets auf beiden Seiten mit Salz bestreuen.

In einer Pfanne 2 EL Öl auf mittlere Temperatur erhitzen und die Fischfilets mit der Hautseite nach unten hineinlegen. Den Fisch nach 2–3 Minuten vorsichtig mit einem Pfannenheber wenden und die andere Seite 1–2 Minuten braten. Den Fisch aus der Pfanne nehmen.

Die Ratatouille mit Thymian garnieren und mit einem kräftigen Spritzer Olivenöl extra vergine beträufeln. Den Fisch auflegen. Die Fencheljus dazu reichen.

ENERGIE 3175 KJ / 765 KCAL — FETT 62 G — DAVON GESÄTTIGTE FETTSÄUREN 14 G
KOHLENHYDRATE 18 G — DAVON ZUCKER 17 G — EIWEISS 28 G — SALZ 1,9 G

SPARGEL UND QUELLER MIT WARMGERÄUCHERTEM LACHS UND SAUCE HOLLANDAISE

Wenn der weiße Spargel wieder Saison hat, geht es für mich gleich zum Gemüsehändler oder Spargelbauern. Was für ein Fest! Klassisch zubereitet mit der Sauce aller Saucen, der *sauce hollandaise*. Mein Tipp: Die Hollandaise immer mit mindestens drei Eigelb zubereiten, dann misslingt sie nicht so leicht.

FÜR 2 PERSONEN
ZUBEREITUNGSZEIT 45 MINUTEN

10 Stangen weißer Spargel
Salz
140 g geklärte Butter (siehe Tipp)
100 g Queller
3 Eigelb
3 EL Weißweinessig
2 TL Zitronensaft
frisch gemahlener schwarzer Pfeffer
150 g warmgeräucherter Lachs ohne Haut, in grobe Stücke zerteilt (Zimmertemperatur)

TIPP — Für die geklärte Butter in einem Topf etwa 175 g (ungesalzene) Butter bei geringer Temperatur erhitzen, ohne dass sie Farbe nimmt. Den Topf vom Herd nehmen und mit einem Löffel den entstandenen Schaum abschöpfen. Das Reinfett (die geklärte Butter) aus dem Topf vorsichtig in einen zweiten Topf gießen. Zurückbleiben sollte eine milchige Flüssigkeit.

Die holzigen Enden des Spargels (etwa 2 cm) abschneiden und diese in einen Topf geben. Den Spargel doppelt, das heißt, zweimal rundum schälen. Die Schalen zu den Spargelenden in den Topf geben.

Die Spargelabschnitte mit 1 l Wasser aufkochen. Inzwischen die Spargelstangen nebeneinander in einen großen Topf legen. Sobald das Wasser im Topf mit den Spargelabschnitten kocht, den Spargel damit übergießen (ein Sieb verwenden, um die Spargelabschnitte zurückzuhalten). Noch eine Prise Salz hinzufügen und den Topf mit dem Spargel mit einem Küchentuch abdecken, das die Feuchtigkeit im Topf hält. Den Spargel unter dem Tuch 10–15 Minuten weitergaren lassen. Sobald die Spargelenden sich mit einem Messer leicht einstechen lassen, ist der Spargel gar.

Inzwischen in einem weiteren Topf 1 EL geklärte Butter bei mittlerer Temperatur erhitzen und den Queller darin unter Rühren 2 Minuten braten. Beiseitestellen.

Die Sauce hollandaise über dem Wasserbad zubereiten. Dazu einen Topf mit wenig Wasser aufkochen. Eine hitzefeste Schüssel auf den Topf setzen, diese sollte aber nicht mit dem Wasser in Berührung kommen. Der Wasserdampf muss den Inhalt der Schüssel erwärmen. Eigelb und Essig in der Schüssel mit dem Schneebesen schaumig schlagen. Dann unter ständigem Schlagen mit dem Schneebesen die restliche geklärte Butter tropfenweise hinzufügen. Die Sauce sollte immer dicksämiger werden. Sobald sie gut gebunden ist, die Schüssel vom Wasserbad nehmen. Mit Zitronensaft, Salz und Pfeffer abschmecken.

Den Queller und den Lachs auf dem Spargel anrichten und die Sauce hollandaise darüberträufeln. Mit Pfeffer würzen.

ENERGIE 3440 KJ / 835 KCAL — FETT 80 G — DAVON GESÄTTIGTE FETTSÄUREN 46 G
KOHLENHYDRATE 5 G — DAVON ZUCKER 2 G — EIWEISS 22 G — SALZ 3,7 G

STIELMUS-EINTOPF MIT BACALHAU

Bacalhau heißt der in Portugal äußerst beliebte Klippfisch, oder auch getrockneter und gesalzener Kabeljau. Nicht zu verwechseln mit dem Stockfisch, der getrockneten, ungesalzenen Variante. Das Trocknen des frischen Fisches ist eine jahrhundertealte Methode, um Fisch haltbar zu machen. Der Bacalhau muss etwa 24 Stunden in Wasser eingelegt werden, um das Salz zu entfernen und die Flüssigkeit wieder auszugleichen.

FÜR 2 PERSONEN
EINWEICHZEIT 24 STUNDEN
ZUBEREITUNGSZEIT 30 MINUTEN

180 g Bacalhau / Klippfisch (getrockneter, gesalzener Kabeljau; eventuell beim Fischhändler vorbestellen)
500 g kleine mehligkochende Kartoffeln, geschält
Salz
50 ml Milch
40 g Butter
300 g Stielmus
1 EL geriebene Muskatnuss
frisch gemahlener schwarzer Pfeffer
1 EL Kapern (aus dem Glas)

In einer großen Schüssel den Bacalhau in reichlich kaltem Wasser einweichen. Das Wasser alle sechs Stunden erneuern.

Die Kartoffeln in einem großen Topf mit reichlich Wasser übergießen. Noch 1 TL Salz hinzufügen, die Kartoffeln zum Kochen bringen und dann in 15–20 Minuten weich garen.

Inzwischen den eingeweichten Fisch in einem kleinen Topf in kaltes Wasser legen und bei mittlerer Temperatur aufkochen. Die Temperatur reduzieren und den Fisch 10 Minuten leicht köcheln lassen. Den Bacalhau aus dem Topf nehmen, die Gräten entfernen und den Fisch in Stücke teilen. Beiseitestellen.

Die Milch in einem Topf erwärmen.

Die Kartoffeln abgießen und ausdampfen lassen, bis sie trocken sind. Zurück in den Topf geben. Die warme Milch und die Butter hinzufügen und die Kartoffeln mit einem Kartoffelstampfer zerdrücken. Das Püree mit Bacalhau, Stielmus und Muskat mischen. Mit Pfeffer würzen und mit Kapern bestreuen. Eventuell noch salzen, aber nur behutsam, denn der Bacalhau ist bereits salzig genug.

ENERGIE 2440 KJ / 585 KCAL — FETT 26 G — DAVON GESÄTTIGTE FETTSÄUREN 16 G
KOHLENHYDRATE 45 G — DAVON ZUCKER 2 G — EIWEISS 38 G — SALZ 1,7 G

CHINA-GEMÜSE
MIT HOISIN UND GARNELEN

Ich bin fasziniert von der chinesischen Küche. Die Vielseitigkeit der Speisen und die einzigartigen Geschmacksnoten machen süchtig. Ich esse gern bei Golden Chopsticks im Amsterdamer Viertel De Wallen. Dort habe ich mich zu diesem Gericht mit Hoisin inspirieren lassen, was in der Kanton-Küche »Meerestiere« bedeutet.

FÜR 2 PERSONEN
ZUBEREITUNGSZEIT 20 MINUTEN

200 g getrocknete Mie-Nudeln
Sesamöl
2 Knoblauchzehen, in Scheiben geschnitten
1 Stück Ingwer (2 cm), geschält und in Scheiben geschnitten
1 rote Chilischote, Samen entfernt, fein gehackt, plus einige feine Chiliringe für die Garnitur
8–10 Tigergarnelen, geschält und den Darm entfernt
200 g Kai-lan (chinesischer Brokkoli)
200 g Baby-Pak-Choi
2 Frühlingszwiebeln, in 3 cm große Stücke geschnitten
1 EL Fischsauce
2 EL Hoisin-Sauce (scharfe chinesische Würzsauce)
1 EL Sojasauce
1 EL Reisessig
Fünf-Gewürze-Pulver (Fenchel, Sternanis, Gewürznelken, Zimt und Szechuan-Pfeffer)

Die Mie-Nudeln nach Packungsanweisung kochen, in ein Sieb abseihen, mit kaltem Wasser abschrecken und im Sieb mit etwas Öl mischen, damit sie nicht zusammenkleben. Bis zur weiteren Verwendung beiseitestellen.

In einem Wok 1 EL Öl stark erhitzen. Den Knoblauch zusammen mit Ingwer und Chili darin 30 Sekunden anbraten. Dabei die Pfanne ständig schwenken, damit nichts anbrennt. Die Garnelen hinzufügen und unter Rühren ebenfalls 30 Sekunden anbraten. Kai-lan, Pak Choi und Frühlingszwiebeln dazugeben und 30 Sekunden mitbraten. Nach 1 Minute mit der Fischsauce ablöschen und Hoisin-Sauce, Sojasauce und Reisessig unterrühren. Die Mie-Nudeln hinzufügen und untermischen. Mit einer Prise Fünf-Gewürze-Pulver bestauben, mit den Chiliringen bestreuen und sofort servieren

ENERGIE 2230 KJ / 535 KCAL — FETT 9 G — DAVON GESÄTTIGTE FETTSÄUREN 2 G
KOHLENHYDRATE 82 G — DAVON ZUCKER 12 G — EIWEISS 26 G — SALZ 3,5 G

GEMÜSE »À LA GRECQUE« MIT SARDINEN AUS DER DOSE

In dem kleinen Pariser Restaurant mit einem Michelin-Stern, dem Pierre au Palais Royal, in dem ich einst arbeitete, lernte ich die französische Küche sehr gut kennen. Ich bereitete täglich ein »à la grecque« zu. Die Artischocke ist der Star in diesem Gemüsegericht. Die Sardinen kommen »einfach« aus der Dose.

FÜR 2 PERSONEN
ZUBEREITUNGSZEIT 60 MINUTEN

2 kleine Artischocken
2 EL Olivenöl zum Braten
1 TL Koriandersamen
6 Frühlingszwiebeln, nur die weißen Abschnitte
12 braune Champignons, halbiert oder geviertelt
1 Stange Sellerie, in Scheiben geschnitten
½ Zucchini, in Stifte geschnitten (ich habe eine gelbe Zucchini verwendet)
2 Knoblauchzehen, in Scheiben geschnitten
1 TL Tomatenmark
200 ml Weißwein
Saft von 1 Zitrone
1 TL Safranpulver
6 Stängel glatte Petersilie
2 Zweige Thymian
1 Zweig Rosmarin
2 Lorbeerblätter
1 Dose Sardinen in Öl (120 g), abgetropft
Salz und frisch gemahlener schwarzer Pfeffer
2 Stängel Basilikum, Blätter abgezupft

Von den frischen Artischocken den Stiel sowie die harten Blattspitzen im oberen Teil abtrennen, die verbliebenen Blätter rund um den Artischockenboden abschneiden. Die Oberseite der Artischocken quer bis zum »Heu« schneiden. Das »Heu« mit einem Teelöffel herauslösen, sodass nur das Artischockenherz übrig bleibt. Die Artischockenherzen längs in gleichmäßige Stücke schneiden.

In einer breiten Pfanne das Öl bei mittlerer Temperatur erhitzen. Koriandersamen, Frühlingszwiebeln, Champignons, Sellerie, Zucchini und Knoblauch darin 1 Minute unter Rühren anbraten, dann das Tomatenmark unterrühren. Noch 1 Minute pfannenrühren und dann mit dem Weißwein ablöschen.

Zitronensaft und Safran hinzufügen und alles gut unterrühren. Die Artischockenstücke dazulegen. Noch etwa 200 ml Wasser hinzugießen, sodass das Gemüse gerade bedeckt ist. Petersilie, Thymian, Rosmarin und Lorbeer mit Küchengarn zu einem Bouquet garni binden. Zum Inhalt der Pfanne geben und alles 10 Minuten bei geringer Temperatur leicht köcheln lassen. Den Herd ausschalten. Das Bouquet garni entfernen, die Sardinen in die Pfanne legen und noch kurz erwärmen. Mit Salz und Pfeffer würzen.

Das Gericht in der Pfanne, mit Basilikumblättern bestreut, servieren oder das Gemüse mit dem Fisch und der Sauce auf zwei Teller verteilen.

ENERGIE 1650 KJ / 395 KCAL — FETT 20 G — DAVON GESÄTTIGTE FETTSÄUREN 4 G
KOHLENHYDRATE 15 G — DAVON ZUCKER 7 G — EIWEISS 19 G — SALZ 1,2 G

GRUND-REZEPTE

Brühen, Currys und Saucen. Wenn Sie sich richtig umsehen, können Sie heute schon gute Fertigprodukte finden. Aber ehrlich gesagt: Ist es nicht viel schöner, sie selber zu machen? Und glauben Sie mir, sie schmecken auch besser. Es ist ganz einfach, größere Portionen zuzubereiten und diese dann in kleinen Gläsern aufzubewahren oder einzufrieren. Ein gutes Grundrezept ist die halbe Arbeit!

BRÜHEN

Für eine Reihe von Rezepten in diesem Buch verwende ich Gemüse- oder Fischbrühe. Es ist empfehlenswert, immer einen Vorrat im Tiefkühler zu haben. Brühen können praktischerweise in der Eiswürfelschale eingefroren und bei Bedarf entnommen werden. Wenn Sie keine Zeit haben, um eine Brühe selber zu machen, können Sie auf fertige Brühwürfel zurückgreifen. Dabei sollten Sie darauf achten, dass der salzige Geschmack nicht zu stark ist. In den folgenden Rezepten für Brühen nehme ich kein Salz, denn ich würze die Gerichte am liebsten erst, wenn ich sie zubereite.

GEMÜSE

ERGIBT 3 LITER

3 weiße Zwiebeln, grob geschnitten
2 Stangen Lauch, grob geschnitten
2 Karotten, grob geschnitten
2 Stangen Sellerie, grob geschnitten
1 Knolle Sellerie, geschält und in grobe Stücke geschnitten
3 Lorbeerblätter
1 Bund Petersilie
10 schwarze Pfefferkörner

Zwiebeln, Lauch, Karotten, Stangensellerie und Knollensellerie in einen großen Topf legen. 6 l Wasser hinzugießen und Lorbeer, Petersilie und Pfefferkörner hinzufügen. Auf mittlere Temperatur erhitzen und die Flüssigkeit aufkochen. Anschließend 2–3 Stunden leicht köcheln lassen, bis die Brühe auf die Hälfte eingekocht ist. Die Brühe anschließend durch ein Sieb abseihen, das mit einem sauberen Küchentuch oder Käseleinen ausgelegt ist.

FISCH

ERGIBT 3 LITER

2,5 kg Fischgräten und Köpfe von magerem Fisch
20 g Butter
2 weiße Zwiebeln, grob geschnitten
1 Stange Lauch, grob geschnitten
1 Karotte, grob geschnitten
1 Stange Sellerie, grob geschnitten
60 ml Weißwein
1 Bund Petersilie
2 Lorbeerblätter
6 schwarze Pfefferkörner

Die Fischstücke gut säubern und mögliche Blutreste entfernen. In grobe Stücke schneiden. Einen großen Topf stark erhitzen und die Butter darin zerlassen. Zwiebel, Lauch, Karotte und Sellerie darin 3–4 Minuten glasig anschwitzen. Dann den Fisch hinzufügen und unter Rühren 2 Minuten anbraten. Den Wein und 3 l Wasser hinzugießen und Petersilie, Lorbeer und Pfefferkörner hinzufügen. Die Fischstücke sollten vom Wasser bedeckt sein. Sobald das Wasser sprudelnd aufkocht, die Temperatur reduzieren, sodass das Wasser gerade nicht kocht. Regelmäßig den Schaum mit einem Schaumlöffel abschöpfen. Die Brühe nach 25 Minuten durch ein Sieb abseihen, das mit einem sauberen Küchentuch oder Käseleinen ausgelegt ist. Die Fischbrühe nun direkt verwenden oder einfrieren. Vor dem Einfrieren jedoch gründlich abkühlen lassen.

KRUSTENTIER-BRÜHE

ERGIBT 3 LITER

2 EL mildes Olivenöl zum Braten
4 kg Krustentier-Reste (wie Schalen und Köpfe)
3 Zwiebeln, grob geschnitten
1 Stange Lauch, grob geschnitten
1 Stange Sellerie, grob geschnitten
1 Karotte, grob geschnitten
1 Knolle Fenchel, grob geschnitten
2 EL Tomatenmark
50 ml Cognac
100 ml Weißwein
1 Bund Petersilie
2 Lorbeerblätter
6 schwarze Pfefferkörner

In einer breiten Pfanne das Öl erhitzen und unter Rühren die Krustentier-Stücke 4–5 Minuten anbraten. Zwiebeln, Lauch, Sellerie, Karotte und Fenchel hinzufügen und 2 Minuten mitanbraten. Das Tomatenmark hinzufügen und noch 1 Minute unter Rühren alles anbraten. Anschließend mit Cognac und Weißwein ablöschen. Nun 3 l Wasser hinzugießen, sodass alles davon bedeckt ist. Petersilie, Lorbeer und Pfefferkörner dazugeben. Die Temperatur reduzieren, damit die Brühe nicht mehr kocht. Zwischendurch immer wieder den aufsteigenden Schaum mit einem Schaumlöffel abnehmen. Die Brühe nach 30 Minuten durch ein Sieb abseihen, das mit einem sauberen Küchentuch oder Käseleinen ausgelegt ist. Die Brühe nun direkt verwenden oder einfrieren. Vor dem Einfrieren jedoch gründlich abkühlen lassen.

COURT BOUILLON

Die Court Bouillon wird meist zum Kochen von Schalen- und Krustentieren verwendet.

ERGIBT 3 LITER

2 Zwiebeln, grob geschnitten
1 Karotte, grob geschnitten
2 Stangen Lauch, grob geschnitten
1 Stange Sellerie, grob geschnitten
250 ml Weißwein
1 Bund Petersilie
2 Lorbeerblätter
8 schwarze Pfefferkörner

Alle Zutaten in einem großen Topf zum Kochen bringen. Die Temperatur reduzieren, damit die Brühe nicht mehr kocht, sondern nur leicht köchelt. Nach 20–25 Minuten durch ein Sieb abseihen. Die Brühe nun direkt verwenden oder einfrieren. Vor dem Einfrieren jedoch gründlich abkühlen lassen.

CURRYPASTEN

Ich esse liebend gern Currys. Weil sie einfach köstlich sind und sich schnell zubereiten lassen. Ich finde es äußerst praktisch, stets verschiedene Currypasten im Vorrat zu haben. Zwar gibt es inzwischen gute fertige Currypasten, aber Selbermachen ist viel schöner. Es ist nirgendwo festgelegt, welche Zutaten in eine Currypaste gehören – sehen Sie die Rezepte vor allem als Inspiration, um selbst das eigene »goldene« Curry zusammenzustellen. Verwenden Sie auch die Samen der Chilischoten, wenn Sie etwas Schärfe lieben, oder entfernen Sie sie, wenn es weniger scharf sein soll. Die Zubereitung der drei Currypasten ist immer gleich.

ROT

ERGIBT ETWA 150 G

1 Zwiebel, grob geschnitten
1 Stängel Zitronengras, grob geschnitten
4 Knoblauchzehen
1 Stück Ingwer (2 cm), geschält
4 rote Chilischoten, ohne Stiel
3 Limettenblätter
½ Bund Koriandergrün
½ TL gemahlene Kurkuma
1 TL Tomatenmark
abgeriebene Schale von 1 unbehandelten Limette
50 ml Sonnenblumenöl
Salz

GRÜN

ERGIBT ETWA 150 G

1 Zwiebel, grob geschnitten
2 Frühlingszwiebeln, grob geschnitten
1 Stängel Zitronengras, grob geschnitten
4 Knoblauchzehen
1 Stück Ingwer (2 cm), geschält
4 grüne Chilischoten, ohne Stiel
3 Limettenblätter
1 Bund Koriandergrün
1 TL Tomatenmark
abgeriebene Schale von 1 unbehandelten Limette
50 ml Sonnenblumenöl
Salz

GELB

ERGIBT ETWA 150 G

1 Zwiebel, grob geschnitten
1 Stängel Zitronengras, grob geschnitten
4 Knoblauchzehen
1 Stück Ingwer (2 cm), geschält
4 gelbe Chilischoten, ohne Stiel
1 gelbe Paprikaschote, Samen entfernt,
in grobe Stücke geschnitten
3 Limettenblätter
1 TL gemahlene Kurkuma
1 TL Tomatenmark
abgeriebene Schale von 1 unbehandelten Limette
50 ml Sonnenblumenöl
Salz

Alle Zutaten in der Küchenmaschine, mit dem Stabmixer oder im Mörser zu einer Paste verarbeiten (je nach Belieben grob oder glatt) und mit Salz würzen.

MAYONNAISE (SAUCEN)

Traditionell werden zum Fisch häufig Saucen auf Mayonnaisebasis serviert. In diesem Buch wird Ihnen auffallen, dass ich mich ganz klar für leichtere Saucen auf beispielsweise Joghurtbasis entscheide, aber das bedeutet nicht, dass eine gute selbst gemachte Mayonnaise nicht lecker schmeckt. Ich persönlich bevorzuge eine etwas säuerliche Version – Sie können mit Essig und Zitronensaft nach Belieben experimentieren.

MAYONNAISE

ERGIBT ETWA 250 G

1 Eigelb
2 TL Dijonsenf
1 EL Weißweinessig
Salz
150–200 ml Sonnenblumenöl
Zitronensaft
Worchestersauce
frisch gemahlener schwarzer Pfeffer

Alle Zutaten sollten Zimmertemperatur haben. Mit dem Schneebesen das Eigelb mit Senf, Essig und einer Prise Salz verrühren. Dann unter ständigem Schlagen mit dem Schneebesen das Öl in feinem Strahl hinzugießen. Die Sauce ist dick genug, wenn sie am Schneebesen haften bleibt. Die Mayonnaise mit Zitronensaft, Worchestersauce, Salz und Pfeffer abschmecken.

COCKTAIL

ERGIBT ETWA 150 G

100 g Mayonnaise
30 g Sahne, locker geschlagen
2 EL Ketchup
1 EL Whisky
1 Prise Cayennepfeffer
Salz und frisch gemahlener schwarzer Pfeffer (nach Belieben)

Alle Zutaten verrühren. Nach Belieben mit Salz und Pfeffer würzen.

REMOULADE

ERGIBT ETWA 100 G

4 EL Mayonnaise
1 Schalotte, fein gehackt
1 EL Kapern (aus dem Glas)
1 Gewürzgurke, fein gehackt
3 Stängel Schnittlauch, fein gehackt
2 Stängel Petersilie, Blätter fein gehackt
Salz und frisch gemahlener schwarzer Pfeffer (nach Belieben)

Die Mayonnaise mit Schalotte, Kapern, Gewürzgurke, Schnittlauchröllchen und Petersilie mischen. Nach Belieben mit Salz und Pfeffer würzen.

TATAR

ERGIBT ETWA 100 G

4 EL Mayonnaise
1 Schalotte, fein gehackt
1 EL Kapern (aus dem Glas)
1 Gewürzgurke, fein gehackt
3 Stängel Schnittlauch, fein gehackt
2 Stängel Petersilie, Blätter fein gehackt
1 hart gekochtes Ei, fein gehackt
Salz und frisch gemahlener schwarzer Pfeffer (nach Belieben)

Die Tatarsauce bereite ich auf die gleiche Weise zu wie die Remouladensauce und mische zum Schluss noch ein hart gekochtes, fein gehacktes Ei darunter.

AÏOLI

ERGIBT ETWA 175 G

2 Knoblauchzehen, grob gehackt
½ Scheibe Weißbrot, Kruste entfernt, zerkleinert
Salz
1 Eigelb
125 ml mildes Olivenöl
Zitronensaft
frisch gemahlener schwarzer Pfeffer

Knoblauch, Brot und eine Prise Salz im Mörser zu einer Paste verarbeiten. Mit dem Schneebesen das Eigelb unterquirlen und dann unter Rühren das Öl in feinem Strahl hinzugießen. So entsteht langsam eine mayonnaisenartige Konsistenz. Mit Zitronensaft, Salz und Pfeffer abschmecken.

ROUILLE

ERGIBT ETWA 175 G

½ Scheibe Weißbrot, Kruste entfernt, zerkleinert
1 Knoblauchzehe, grob gehackt
5 Safranfäden
½ TL Cayennepfeffer
1 Eigelb
125 ml mildes Olivenöl
Zitronensaft
Salz

Das Brot mit Knoblauch und Safran im Mörser zu einer glatten Paste verarbeiten. Cayennepfeffer hinzufügen und mit dem Schneebesen das Eigelb unterquirlen. Dann unter Rühren das Öl in feinem Strahl hinzugießen. So entsteht langsam eine mayonnaisenartige Konsistenz. Mit Zitronensaft und Salz abschmecken.

EINGELEGTE ZITRONE UND LIMETTE

Eingelegte Zitronen oder Limetten sind in vielen Gerichten eine schöne Ergänzung. Vor allem in der orientalischen Küche werden sie häufig verwendet, doch auch Gerichten aus anderen Teilen der Welt können sie zusätzlich Geschmack geben.

ERGIBT 8 EINGELEGTE ZITRONEN ODER LIMETTEN

4 EL grobes Meersalz
8 unbehandelte Zitronen oder Limetten

Auf dem Boden eines Einmachglases 2 EL Meersalz verteilen. Jede Zitrone oder Limette so einschneiden, als sollten Spalten entstehen. Dabei nicht ganz durchschneiden, sondern nur zu zwei Dritteln einschneiden. Die Einschnitte der Früchte mit Salz füllen. Die Früchte ins Glas geben und fest zusammendrücken. Das Glas anschließend bis zum Rand mit Wasser und dem übrigen Meersalz füllen und luftdicht verschließen. Das Einmachglas bis zur weiteren Verwendung 3–4 Wochen an einem kühlen, dunklen Ort stehen lassen. Die Schale der eingelegten Zitronen oder Limetten für vielerlei Gerichte verwenden.

TIPPS & TRICKS
AUSTERN ÖFFNEN

Das Öffnen von Austern mag vielleicht schwierig erscheinen, aber eigentlich ist es ganz einfach. Es gibt spezielle Austernhandschuhe, um die Hände zu schützen, aber mit der folgenden Anleitung können Sie Austern auch so leicht und sicher öffnen.

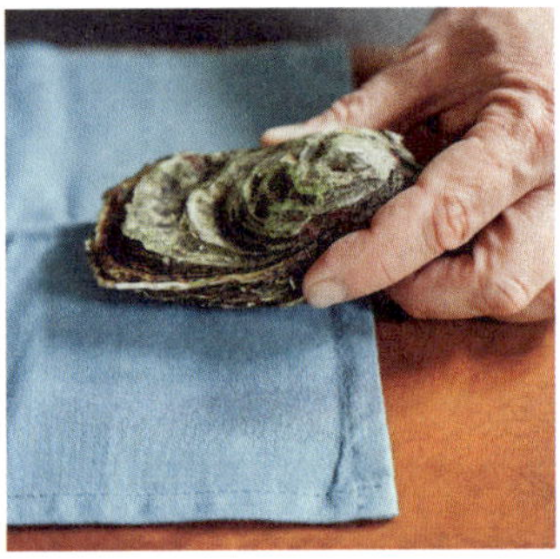

1 Ein Küchentuch auf die Arbeitsfläche legen und die Austern mit der flachen Seite nach oben daraufsetzen.

2 Eine Seite des Küchentuchs über die Austern falten, sodass die spitze Seite der Auster noch herausschaut.

3 Nun mit der anderen Hand das Austernmesser in die spitze Seite zwischen die beiden Muschelhälften stoßen.

4 Mit dem Messer die zwei Muschelhälften aufbrechen und das Austernmesser etwas hin- und herdrehen, bis die Auster aufspringt.

5 Die Auster mit der gewölbten Seite in die Hand nehmen. Die obere Muschelhälfte leicht anheben und das Messer langsam zum Ende der Auster führen. Dabei an der Oberseite der Muschelhälfte entlangkratzen.

6 Den Schließmuskel durchtrennen und das Austernfleisch aus der gewölbten Muschelhälfte schneiden. Eventuell vorhandenen Sand entfernen.

GROSSE GARNELEN SCHÄLEN

Ich empfehle Ihnen, immer ungeschälte Garnelen zu kaufen, denn sie sind am schmackhaftesten. Für einige Rezepte müssen Sie die Garnelen schälen. Darum hier eine kurze Anleitung, wie das leicht gelingt.

1 Den Kopf von der Garnele abdrehen und langsam am Körper abziehen.

2 Die Schale an der Bauchseite aufbrechen.

3 Die Garnele an der Oberseite bis zum Schwanz schälen.

4 In das Schwanzende schneiden, damit sich das Fleisch vom Schwanz löst. Die Garnele ist nun geschält.

5 Die Garnele am Rücken entlang nicht zu tief einschneiden.

6 Den Darm vorsichtig mit der Messerspitze entfernen.

KLEINEN RUNDFISCH SÄUBERN

Kleine Rundfische sind etwa Sardinen und Sardellen. Für diesen feinen Fisch möglichst ein kleines Küchenmesser verwenden.

1 Den Fisch mit einer Hand am Kopf festhalten und mit der anderen Hand ein kleines Küchenmesser greifen.

2 Mit der stumpfen Rückseite des Messers die Schuppen vom Fisch kratzen; dabei vom Schwanz bis zum Kopf arbeiten.

3 Die Schuppen wegwerfen.

4 Den Fisch mit einer Hand festhalten und mit der anderen die Bauchwand bis zum Kopf einschneiden.

5 Die Innereien mit einem Messer aus der Bauchhöhle kratzen.

6 Die Bauchhöhle und die Haut unter fließendem kaltem Wasser gründlich abspülen.

KLEINEN RUNDFISCH FILETIEREN

Um den kleinen Rundfisch nach dem Säubern zu filetieren, wende ich die folgende Technik an. Hierzu benutze ich ein Filetiermesser oder ein mittellanges Küchenmesser.

1 Den Fisch auf ein Schneidebrett legen und am Kopf senkrecht bis zu den Gräten einschneiden.

2 Nun mit der einen Hand das Messer von senkrecht auf waagerecht drehen und dabei den Fisch mit der anderen Hand an der Oberseite festhalten.

3 Das Filet in einer durchgehenden Bewegung vom Kopf bis zum Schwanz abschneiden. Dabei mit dem Messer möglichst dicht über den Gräten schneiden.

4 Den Fisch wenden und die Technik von Schritt 3 wiederholen.

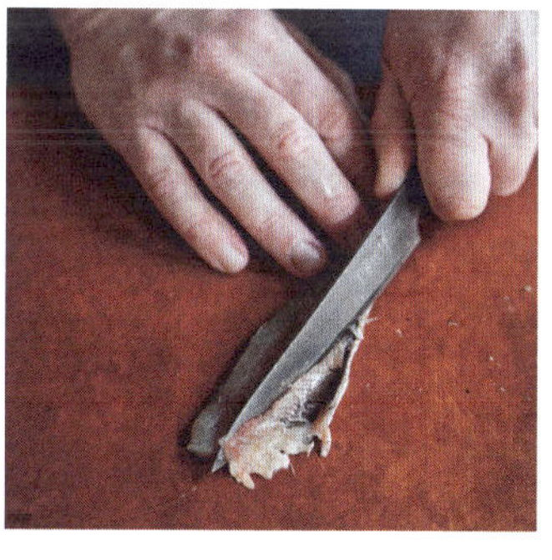

5 Die Filets an den Rändern sauber zuschneiden.

6 Die Filets können nun weiterverarbeitet werden.

GROSSEN RUNDFISCH SÄUBERN

Diese Aufgabe kann auch der Fischhändler übernehmen, doch lassen Sie sich die Gräten für eine Brühe geben. Für das Säubern brauchen Sie eine Schere und ein Schuppenmesser.

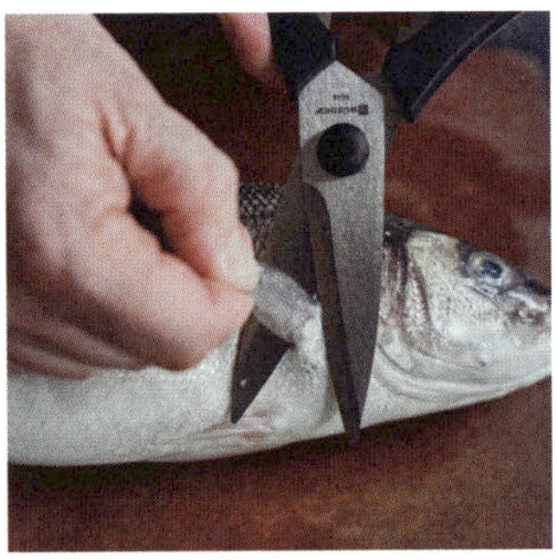

1 Mit der Küchenschere die Seitenflossen vom Fisch abschneiden.

2 Auch die Bauch- und Rückenflossen abtrennen.

3 Den Fisch mit einer Hand am Schwanz festhalten und mithilfe eines Schuppenmessers in Richtung Kopf die Schuppen abschaben.

4 Die Bauchwand vom After des Fisches (kleines Loch nach etwa einem Drittel der Rumpflänge vom Schwanz aus) bis zum Kopf nicht zu tief einschneiden.

5 Mit der Hand – eventuell mithilfe des Messers – die Innereien aus der Bauchhöhle des Fisches entnehmen.

6 Die Bauchhöhle des Fisches unter fließendem kaltem Wasser reinigen.

GROSSEN RUNDFISCH FILETIEREN

Zum Filetieren von großen Rundfischen wende ich die folgende Technik an. Arbeiten Sie dabei unbedingt mit einem wirklich scharfen Messer.

1 Den Fisch mit dem Messer auf beiden Seiten von der Bauchseite bis oben zum Kopf einschneiden.

2 Mit einer Hand den Fisch festhalten, dazu in die Bauchhöhle greifen. Dann den Fisch auf einer Seite vom Kopf entlang des Rückgrats etwa 1 cm tief einschneiden.

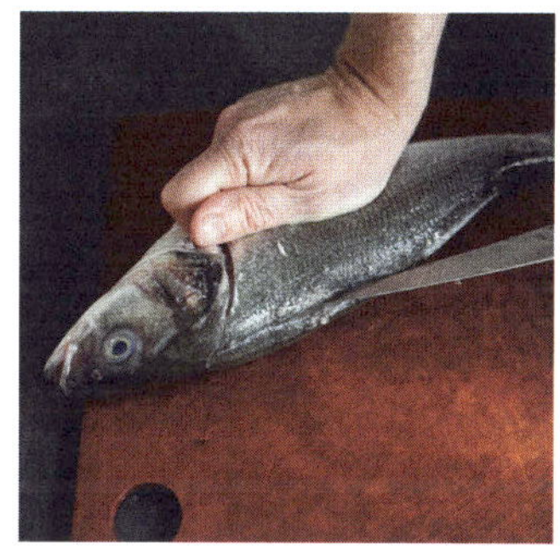

3 Diesen Vorgang wiederholen, dabei aber etwas tiefer schneiden.

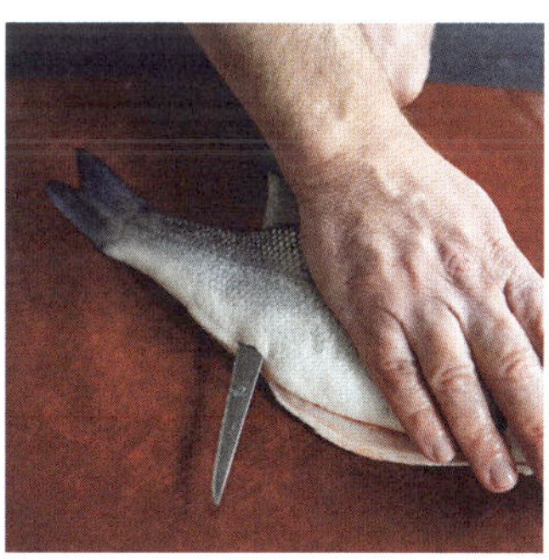

4 Auf Höhe des Fischafters das Messer waagerecht durch den Fisch stoßen und in einer durchgehenden Bewegung das Filet Richtung Schwanz von der Gräte schneiden.

5 Nun das Filet ganz von der Gräte schneiden. Schritte 2, 3 und 4 auf der anderen Seite des Fisches wiederholen.

6 Eventuell restliche Gräten mit einer Fischpinzette herausziehen und die Filets an den Rändern sauber zuschneiden.

HAUT VOM FISCHFILET ENTFERNEN

Bei vielen Gerichten schmeckt der Fisch besonders gut, wenn er mit der Haut zubereitet wird, bei anderen wiederum entferne ich lieber die Haut.

1 Das Fischfilet mit der Haut nach unten auf ein Schneidebrett legen. Auf einer Seite einen kleinen Schnitt zwischen Haut und Fischfleisch machen.

2 Die Finger mit feuchtem Salz bestreuen, um die Haut gut festhalten zu können.

3 Mit den Fingern den Einschnitt gut festhalten. Das Messer schräg zur Haut ansetzen und das erste Stück Filet von der Haut schneiden.

4 Das Messer waagerecht halten und mit kurzen Bewegungen entlang der Haut schneiden.

5 Das Filet bis zum Ende von der Haut schneiden.

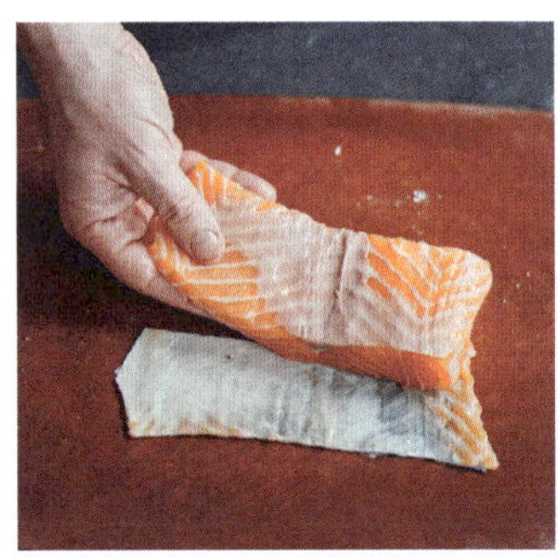

6 Das Filet kann nun weiterverwendet werden.

KALMAR SÄUBERN

Für viele Rezepte verwende ich die »Tube« (den Körper) des Tintenfisches und die Tentakel. Hier sehen Sie, wie Kalmar und Sepia leicht gesäubert werden können.

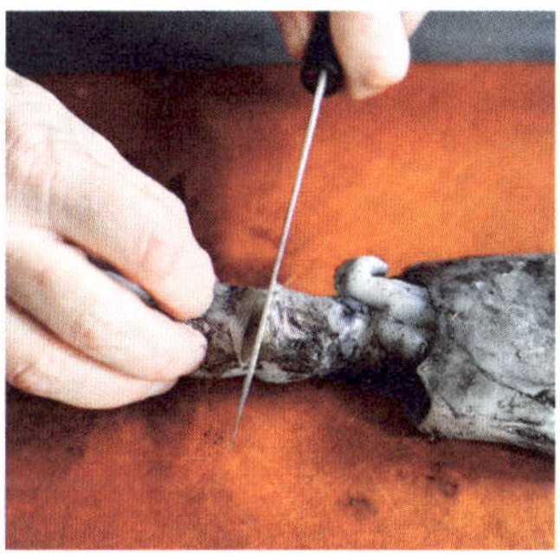

1 Kurz vor den Augen des Tintenfisches die Tentakel vom Körper abtrennen.

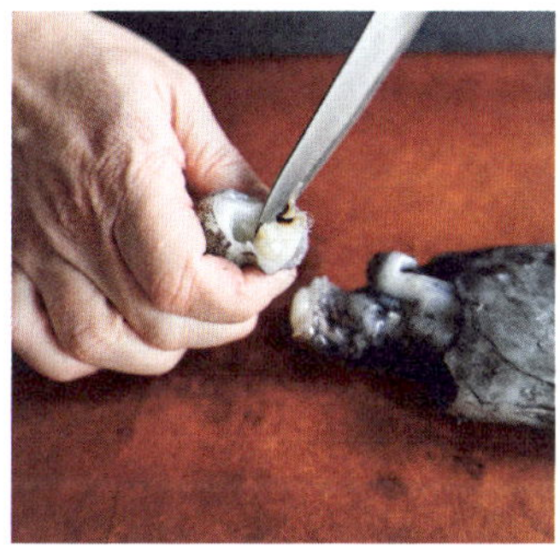

2 Das harte Stück – das Maul – aus der Mitte der Tentakel schneiden und wegwerfen.

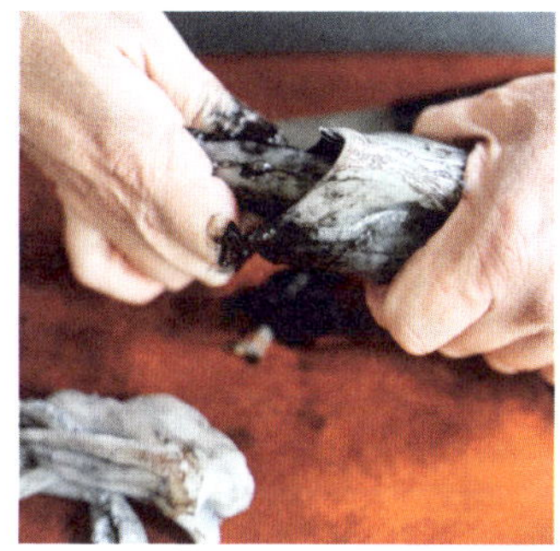

3 Mit einer Hand den Tintenfisch festhalten und mit der anderen die Innereien aus dem Körper ziehen.

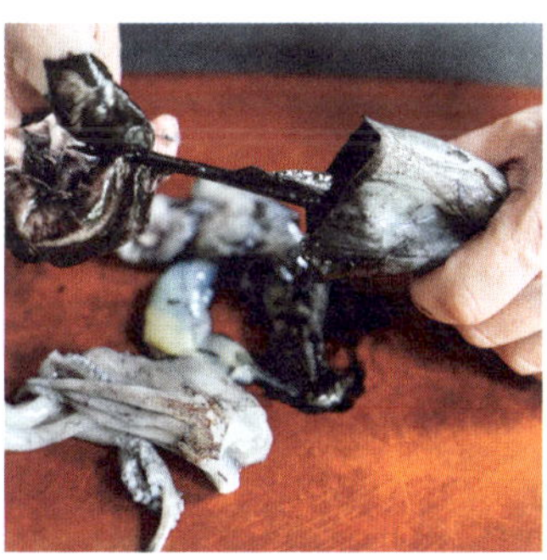

4 Den langen harten Chitinstab aus dem Körper ziehen. Dieser sieht wie Plastik aus.

5 Die Haut vom Tintenfisch entfernen. Dazu diese von der breiten Seite nach unten ziehen. Ein nicht zu scharfes Messer leistet hier gute Dienste.

6 Den Tintenfisch unter fließendem kaltem Wasser gründlich abspülen.

EIN GROSSES DANKESCHÖN AN ALLE!

Vor mir liegt ein Buch, auf das ich megastolz bin. Ich bin total glücklich und fühle mich geehrt, dass ich wieder mit meinem Dreamteam zusammenarbeiten durfte. Aufgrund von Corona war die Zeit nicht immer einfach, vor allem nicht in logistischer Hinsicht, aber umso dankbarer und glücklicher bin ich, dass wir es gemeinsam mit viel Leidenschaft und Vergnügen geschafft haben.

Buddy David Loftus, ich danke dir für deine prachtvollen Fotos. Wie kein anderer übersetzt du die Gerichte, die ich zubereite, und die Gefühle, die ich ausdrücken will, in Bilder. Love you!

Inge Tichelaar, schon sehr lange bist du meine Freundin. Du warst nicht nur die Stylistin des Buches, sondern auch mein kritischer Blick und mein mentaler Coach. Manchmal in gesundem Diskurs, aber immer mit dem gemeinsamen Ziel, das beste Resultat zu erreichen. Danke, ich liebe dich!

Ich danke dir, Daan de Rooji, für die harte und sorgfältige Arbeit in der Küche und für deine Inspiration. Mit dir an meiner Seite rocken wir es! Vielen Dank, Aylissa Vukaj, für deine Assistenz an den Kochtagen. Danke, Tonin Vukaj, für deine italienische Inspiration und Hilfe.

Tijs Koelemeijer, ich bin so glücklich mit dem Layout des Buches und danke dir für deine wahnsinnigen Entwürfe und Illustrationen, aber auch für deine Rolle als mein Sparring-Partner. Wie cool ist es, dass wir dieses Buch zusammen gemacht haben.

Vielen Dank, Mitchell van Voorbergen, für deinen Anteil an den Fotos in diesem Buch und deine Flexibilität und dein Anpassungsvermögen. Es war supertoll, mit dir zusammenzuarbeiten.

Ein Dankeschön an das Team von Fontaine Uitgevers! Speziell an Francis Wehkamp für das Vertrauen, gemeinsam dieses Projekt umzusetzen. Danke, Katy Heeren, für deine redaktionelle Arbeit, und natürlich auch Marjolein Brokkelkamp und Yulia Knol. Ein Dankeschön an Laurie Branderhorst für die Pressearbeit rund um das Buch. Ich möchte ganz besonders Harold Zwaal dafür danken, dass er mit so viel Begeisterung alle zusammengebracht hat.

Lars Hamer, danke für deine Kochredaktion! Du bist wirklich klasse! Danke, Angela Severs und Christel Vondermans, für euren Beitrag zu Nährwerten und »Gesundheit«.

Ein Dank an alle bei Fish Tales, und besonders an meinen Geschäftspartner und Freund Harm Jan van Dijk.

Ein großer Dank geht an die fantastischen Profis vom Viscenter Volendam: Jac und Jordy Schilder, danke. Marcus Polman, danke für deine PR-Arbeit und deine geistige Unterstützung. Danke schön, Maurice Kroon von House of Talent, für deine Begleitung des Projekts.

Weiterhin möchte ich allen danken, die es mir ermöglichten, so wunderbare Requisiten zu verwenden: meiner lieben Mama und meinem Stiefvater Annelie & René Thuring, Kookwinkel Duikelman Amsterdam, meinem Freund Xander Bueno de Mesquita und Henk Tomson van »Maak-Henk«. Berend te Voortwis und dem Team von Lindenhoff; danke für eure Gastfreundschaft.

Liebe Bernadien, ich hoffe, dass wir zusammen noch viel Gemüse und Fisch essen dürfen. Ich liebe dich.

Insbesondere möchte ich meinen großartigen Kindern Bo, Juul und Ties danken. Dass ihr beim Schreiben des Buches in der Nähe wart, für eure Inspiration, Liebe und Geduld. Ich bin so stolz auf euch! Love you, love you, love you!

REGISTER

ZUTATENREGISTER

REZEPTREGISTER

Verantwortlich: Susanne Caesar
Übersetzung aus dem Niederländischen: Birgit van der Avoort
Lektorat: Monika Judä, München
Satz: Akademischer Verlagsservice Gunnar Musan
Umschlagadaption: Regina Degenkolbe
Korrektorat: Asta Machat, München
Herstellung: Bettina Schippel
Printed in Slovakia by Neografia

Unser komplettes Programm finden Sie unter: www.christian-verlag.de

★★★★★

Sind Sie mit diesem Titel zufrieden? Dann würden wir uns über Ihre Weiterempfehlung freuen.
Erzählen Sie es im Freundeskreis, berichten Sie Ihrem Buchhändler oder bewerten Sie bei Onlinekauf.
Und wenn Sie Kritik, Korrekturen, Aktualisierungen haben, freuen wir uns über Ihre Nachricht an:
Christian Verlag GmbH, Postfach 40 02 09, D-80702 München
oder per E-Mail an lektorat@verlagshaus.de

In diesem Buch wird aus Gründen der besseren Lesbarkeit das generische Maskulinum verwendet. Weibliche und anderweitige Geschlechteridentitäten sind dabei ausdrücklich mitgemeint, soweit es für die Aussage erforderlich ist.

Die Deutsche Nationalbibliothek verzeichnet diese Publikation in der Deutschen Nationalbibliografie; detaillierte bibliografische Daten sind im Internet über http://dnb.de abrufbar.

Die niederländische Originalausgabe mit dem Titel *Veggies & Fish* erschien erstmals 2020 bei Fontaine Uitgevers, Amsterdam. www.fontaineuitgevers.nl

Fotografie: David Loftus
(außer S. 6, 16, 31, 39, 40, 44, 55, 60, 66, 74 [untere 2 Fotos], 79, 96 [oben links und unten], 97, 100, 130, 138–139, 157, 158, 162 [alle Fotos unten rechts], 163, 165, 176, 189, 193–195, 211, 225, 227, 235, 238 [alle Fotos außer unten rechts], 239–248. © Mitchell van Voorbergen)

Styling: Inge Tichelaar
Umschlaggestaltung, Layout und Illustrationen: Tijs Koelemeijer
Kochredaktion: Lars Hamer

ISBN 978-3-95961-574-7